家族の健康を気にする子どもたちへ、85人と犬1頭からのメッセージ

みえない
優しい傘

NPO法人
東京ソテリア
編著

現代書館

みえない優しい傘
黄色の絵のうえには雨の有刺鉄線
みえない差別や偏見から
まわりの社会が、大人が
傘をさして子どもたちの未来を守る
ふんわりと、ふんわりと

細尾ちあき（NPO法人ぷるすあるは）

この本を手にとってくれたみなさんに
知っておいてほしいこと

家の中のことをどこまで話す？

NPO法人ぷるすあるは
細尾ちあき

・話したい時に
話したい人に
話したいコトバで

わかる
わかるわー
なんかさっ
家でいろいろあって…
えっ？おどろかない
大変やねん
へー
ヤバイ？
うちもこの間めっちゃ大変で

全部話さなくてOK
何も話さないのもOK

・中学、高校生になると話しても
自分が思っているより
みんなおどろかない
・大変あるある話でもりあがったりすることもある

・たとえば話したくない時

うーん
別に
特別って
感じじゃない

あっゴメン
今……
その話する気分じゃない
また今度

だって本当にわからない

よくわからないから
答えられないな…

そーいえば…
(話題をかえる)

自分を守るための
ウソはついていい

自分のココロは
自分のもの
いつも仲良い
友だちに家の中のこと
悩《なや》み、困っていることを
話さないって
友だちを裏切っている
わけじゃないから安心して

仲がいいけど言えない…

話せない自分はダメ…

ぶるすあるはのウェブサイト
「子ども情報ステーション」

はじめに　二つの物語

ある冬の午後、小さな町に住む一三才の少女・さくらは、学校からの帰りに立ち寄った公園で、老人が手すりにしがみつきながら歩こうとしているのを見かけました。

他の通行人は彼を無視し、せわしない日常に戻っていきました。

しかし、さくらは異なる選択《せんたく》をしました。彼女《かのじょ》は老人に声をかけ、手を差しのべました。

同じ日の夕方、一七才の少年、ハルタは、ショッピングモールの外で、困難な状況《じょうきょう》にある中年の男性に出会いました。その男性は、凍《こご》えるような寒さのなか、温かい衣服も着ずに車いすでさまよっていました。

ハルタはそのとき、勇気をふりしぼり、行動しました。

彼《かれ》は買ったばかりの焼きぐりを差し出し、「いっしょに食べませんか」と言いました。

その瞬間、老人と男性のライフが変わりました。

現在、私たちの暮らす地域において、ヤングケアラーの存在はますます重要となっています。高齢化《こうれいか》や障がいの複雑化が進み、多くの人びとが家庭内での支援《しえん》とケアを必要としています。彼《かれ》ら彼女《かのじょ》たちはその支えとなり、家族への思いのみで、使命を果たしています。ヤングケアラーたちの物語は、私たちに、だれかのために何かをすることの大切な文化を形づくってくれます。

たとえば、さくらは、毎日のように自宅で祖母を介助《かいじょ》し続けており、老人が孤独《こどく》で支えが必要なことを知っています。彼女《かのじょ》の手と言葉は、私たちに奉仕《ほうし》と思いやりがどれほど力強いものかを教えてくれます。

ハルタは、働いている母親に代わり、きょうだいと身体に障がいのある父親の食事の世話を担っています。ハルタの行動は、困難な状況《じょうきょう》に直面したときに、立ち向かう勇気と決意を示しています。二人とも日常の勇者であり、家族に無償《むしょう》のサポートを提供し、その貢《こう》献《けん》は計り知れません。

しかし、その負担やストレスが、彼《かれ》らの成長や教育に影響《えいきょう》をあたえ、自分自身のニーズを無視してしまうことも否定できません。彼《かれ》らは学業とケアの両立を図りながら、精神的な負担にも直面しています。

初めの二つの物語は、彼らの自己犠牲《じこぎせい》を浮《う》きぼりにし、直面する課題に対処するには彼《かれ》らがまだ若すぎることを、私たちに教えてくれます。彼《かれ》らの奉仕《ほうし》と愛情は、称賛《しょうさん》に値する種として、次世代に引きつがれていいものなのでしょうか？

はたして、だれが彼《かれ》らに手を差しのべ、だれが彼《かれ》らの未来に希望をもたらしてくれるのでしょうか？


このメッセージ集は、ヤングケアラーたちへの感謝と尊敬の意を表し、彼《かれ》らが日々の挑《ちょう》戦《せん》を乗りこえ、幸福な未来を築く手助けを提供します。

八五人（と一頭）の多様な執筆者は、社会において彼《かれ》ら彼女《かのじょ》たちの声がもっと届くようにし、法や制度を柔軟《じゅうなん》で効果的なものにするための改革が行われることを訴《うった》えます。

私たちは、彼《かれ》らが日常の挑戦《ちょうせん》に立ち向かった勇気に応え、彼《かれ》らに温かさと思いやりをお返ししければなりません。みえない優しい傘《かさ》をさして、「ふんわりと、ふんわりと」。


NPO法人東京ソテリア代表　ノグチヒロフミ

みえない優しい傘＊目次

にの傘

同じ時代に生活する私から

3

さんの傘 働く大人たちから

よんの傘

福祉やまちづくりをしている人から

4

この傘　いろんな国や場所から

いちの傘

ヤングケアラーと
ケアを受ける家族から

1

ヤングケアラーとは

本来、大人が担うと想定されている家事や家族の世話などを日常的に行っている子どものこと。責任や負担の重さにより、学業や友人関係などに影響《えいきょう》が出てしまうことがあります。

あなたはこんなことしていませんか?

- 障害や病気のある家族に代わり、買い物・料理・そうじ・洗たくなどの家事をしている。
- 家族に代わり、幼いきょうだいの世話をしている。
- 日本語が第一言語でない家族や障害のある家族のために通訳をしている。
- アルコール・薬物・ギャンブル問題を抱《かか》える家族に対応している。

＊参考：子ども家庭庁のサイト

お母さんみたいになりたくない

本田完奈　看護師

お母さんみたいになりたくない

自分も
お母さんみたいになるんじゃないか
不安な夜は
弟と二人で布団にもぐりこむ
友だちのお家へ行ったとき
温かなご飯やおいしいおやつ
やっぱり、お母さんみたいになりたくない

帰り道
お土産にもらったクッキー一つ食べて、
もう一つは夕焼け空に投げた
遠くに投げたつもりなのに
近くに落ちた

お母さんみたいになりたくない
そう、思いながら
手を引き　背中をさすり
呼ばれたら、かけよる自分
何が本当の自分なんだろう?

お母さんみたいになりたくない
だけど
近所のおばちゃんや親せきのおじさんが
「かわいそうね」「大変だね」
「大切にしてあげてね」「えらいね」

そんなことを言うのは許せない
なんでだろう？

お母さんみたいになりたくない
だけど
お母さんを悪く言うのは許せない

お母さんみたいになりたくない
だから
お母さんのことは悪く言わないで

私は私
お母さんみたいになりたくない
だけど
お母さんはお母さん

私とお母さんは別の人間なんだ

自分の人生を歩んでほしい

坂本 拓　精神保健福祉士

ぼくのお母さんは、うつ病という病気を抱《かか》えています。
原因がなく気持ちが落ちこんでしまう、元気が出なくなる病気です。
もしかしたら初めて聞く病気かも知れません。
ぼくも子どものころは、よくわからない病気でした。
明るく元気だったお母さんから、いつの間にか元気がなくなり、
泣いている日のほうが多くなりました。
大好きなお母さんに、何が起こっているのかわからない日が何日も続きました。

ぼくのせいかもしれない。
何か悲しませることをしてしまったのかもしれない。

でもお母さんは、原因を教えてくれませんでした。
お母さんにも、原因がわからなかったのかもしれません。

ぼくは、泣いているお母さんの話をいっぱい聞きました。
お母さんが悲しまないように、心配させないように生活をしていました。

大好きなお母さんのために……。

いつしか、お母さんのために生活することが当たり前になっていきました。
わがままを言わなかったり、友だちと遊ばないで早く家に帰ったり。
いつもお母さんのことを心配していて、疲《つか》れるときもありました。
大好きなお母さんのためなのに、いやになってしまうこともありました。
本当は少しだけ、気持ちが苦しかった。

あるとき、お母さんに
「あなたの人生を生きてください」
と言われました。
お母さんのことを思い、自分のことを後回しにしていた自分に気がつきました。

でも、自分の人生を生きるって難しい。
自分がやりたいことがなんなのかもわからない。

とりあえずぼくは、気持ちが苦しくならないように生きることにしました。
大好きなお母さんのことだったとしても、
自分の気持ちが苦しくなりそうなときには、見ないふりをしました。

見ないふりをしてもいい。逃《に》げ出したっていい。
自分が自分を大切にしなくちゃ。

自分を大切にして、怒《おこ》る人はいません。
でも、自分を大切にすることって勇気が必要です。
大人のぼくでも、自分を大切にする練習を続けています。

あなたは自分のことを大切にできていますか？
あなたが、あなたを一番大切にできるように、応援《おうえん》しています。

お兄ちゃん

Makiko　精神疾患をもつ母親

毎日手洗いを見てくれてありがとう。
ときどき洗たく機を回してくれてありがとう。
あなたが物心ついたときには、ママはもう手洗い病*でしたね。

八年もの長い間、数えきれないほど手洗いを見てくれて、
妹のお世話もよく手伝ってくれて、ママはとても助かっています。

なんでママはこんなこともできないの??
と思うこと、何度もあったでしょう。
ママも最初のころは、どうしてこんな簡単なことができないの！
と悔《くや》しく悲しい気持ちでいっぱいでした。

今でもなかなか思うように家事ができず、

そんな自分にイライラしてしまい、
キツイ言葉を言ってごめんね。
まだまだ一人でできないことが多いママだけど、
あきらめず、できることを増やしていくね。

あなたが小さな子と遊ぶことが大好きな、
優しいお兄ちゃんに成長してくれて、ママはとてもうれしいです。
でも家のことでしんどくなるときは、抱《かか》えこまずに話してほしいです。
家族に話したくないときは、しんどさを聞いてくれる、秘密を守ってくれる大人
（ママを支えてくれる親友、この本の中の人、スクールカウンセラーさんなど）
に話してください。
お兄ちゃんがお兄ちゃんのままでいられるように。

パパとママのところに来てくれて、ほんとにありがとう。

＊手洗い病＝強迫性障害《きょうはくせいしょうがい》
強迫性障害《きょうはくせいしょうがい》とは、きわめて強い不安感や不快感（強迫観念）をもち、それを打ち消すための行為《こうい》（強迫行為）をくり返す精神疾患《せいしんしっかん》。（「e・ヘルスネット」より引用）

ぼくのおかあさん

N・EBINA 住宅セーフティネット相談員

ボクのおかあさんは精神病。おかあさんとふたり暮らし。
いつも帰ってくると神様の話ばかり。
「神様が〜こう言っている」
と、ぼくには聞こえないものをずっと口にしていた。
ときどき、「うるさい！」と怒鳴《どな》ったり、
だれかと会話していたり、
ぜんぜん理解できなくて、恥《は》ずかしいと思っていた。

だれにも相談できない。先生にも友だちにも。
おかしいと思われたくなくて、
冷たく突き放したり、無視したりもした。

ある日、警察署から電話が来て、「おかあさんが亡くなりました」。

精神病のことを初めて知って、学んで、
ああすればよかった。こうしておけばよかった。
もっとだれかに相談しておけばよかった。
ひとりで悩《なや》んで、そのまま放置。
けっきょく自分では何もできなかった。

あとで知った。おかあさんはたくさんの人の力で守られていたこと。
自分が知らなかっただけ。
これからはたくさんの人に知ってもらいたい。
家族だけで悩《なや》まずに、ひとりだけで抱《かか》えこまずに。
あなたのまわりには支えてくれる人が必ずいます。

家族と猫とバイク

鈴木俊伸
ピアスタッフ

私には妻と子どもがいます。
原発事故《げんぱつじこ》で福島から東京に来ました。
福島では障がいのある仲間が
子どもはつくらないほうがいいよ
とよく言ってました。
私の兄も
「おまえは結婚《けっこん》も子どももつくらないでのんびり暮らせ」
と言ってました。

「おかしい」

私は子どもがほしいし、仕事もしたいし
結婚《けっこん》もしたいと思ってました。

いまの妻とつきあって、仕事もして
結婚《けっこん》して、子どもと三人で暮らしています。

いま、毎日が幸せです。ペルシャ猫《ねこ》も飼ってます。
二〇〇ccのバイクにも乗ってます。

兄に敷《し》かれたレールで生きるのではなく
そのレールをぶっこわして
現在にいたっております。

ぼくには困った家族がいます

S・O
研究者

ぼくには困った家族がいます。
その人には、世間一般でいう「障害」があります。
そして、ぼくはその人のことがたぶんきらいです。

さんざんお世話になったのに、
そんなことを考える自分のほうがマズいんだとは思います。
でも、これまで本当にいろんなことがあったのです。
そして、これからも同じようなことが起きるのでしょう。
そう考えると、どうしても暗い気持ちになります。
年を取ればきらいな気持ちもおさまるのかな、
と思っていましたが、そうでもないようです。
四〇才をこえた今もなお、どうにもこうにも、やっぱりきらいです。

だれかに相談すればよい、ということはわかっていました。
しかし、相談するにはエネルギーがいりますね。
それに、話がややこしくなればなるほど、人に話すのって難しくなりますね。
見たくないものを見なければいけませんし、
何より自分の醜《みにく》いところも見なければいけません。

ある年、ついに両親が亡くなりました。
いつかやってくることだとわかっていましたが、
ぼくがその人を支えていくことになりました。

それからいろいろなできごとがありました。
たくさんいやな思いもしました。
そして、ぼくはSOS《エスオーエス》を出し始めました。
もう抱えきれなくなったのだと思います。

残念なことに、ぼくたちが頼《たよ》りにできる先は、今のところそれほど多くありません。
「対応できません」、「対象外です」と何度も言われました。

相談しなければよかったと思うこともありました。
それでもSOS《エスオーエス》を出し続けました。

今は、ほんの少しですが状況《じょうきょう》が変わってきたような気がしています。
気のせいかもしれませんが、やっぱり力になってくれる人はいるものです。
「ぼくが」「ぼくが」と考えなくてよい気がしてきました。
助けを求めるのって、難しいものですね。

あなたへ

永武まさ子　社会福祉士

私には、今年二〇才になった息子がいます。
二才のときに大きな病気をし、命を取り留めたものの、
知的と身体に障害がのこりました。
病気になる前は、サッカーボールを蹴《け》ったり、ダンスをしたり、
にこにこと「おかえりー」と話したりしていましたが、
寝《ね》がえりも打てず、視線もあわなくなりました。
そこから、リハビリし、保育園に通い続けました。
多くの方と出会い、手を貸してもらいました。
いまはスポーツや歌を楽しみ、仕事に就くことを目標に訓練に通っています。
彼《かれ》はときに、「なんでこんな体になってしまったのだろう」と言います。
私は、障害や病気があっても、希望をもって生きてほしいと願っています。
また、私は、精神疾患《せいしんしっかん》をもった方のグループホームで、約十年間働いています。

いっしょに生活をし、生活のお手伝いをしています。
長い期間入院していた人もいます。
スタッフや、ともに生活する仲間とともに、
それぞれの希望に向かって、回復をしていきます。
ときに具合が悪くなることもありますが、必ず回復します。
家族やその人だけでは、孤独で苦しくなることがあります。
私の家族も多くのサポートを受けてきました。
それでも、「苦しくてつらいな」と思うことがありました。
そんなとき、グループホームで回復し、自分の希望をかなえていくみなさんが、
私の希望となってきました。

いま、家族が精神疾患《せいしんしっかん》をもち、つらいなと思っているあなたへ。
地域には、いろいろなお手伝いがあります。
そして、病気から必ず回復します。
どうしたらよいかわからなかったり、つらいなと思うときは、
近くの信頼《しんらい》できる人や、相談の場所に話してみてください。
きっとあなたは、そしてわたしは、ひとりではないです。

逃げにおいで　居場所で、待ってる

岩澤摩衣
ＮＰＯ法人東京ソテリア職員

わたしのお母さんはキッチンドランカーでした。
毎日、夜ご飯をつくりながら台所で、カップ酒を一気飲《いっきの》みして、
フラフラになるまで酔《よ》っぱらって大声で泣いてさけんで、
わたしのことを口汚《くちぎたな》くののしっていました。
台所のすみを焦《こ》がしたり、
料理を完成させることができなかったりするのは、いつものこと。
フライパンの中にある、消しズミみたいになったお肉のかけらを、
悲しい気持ちで何度も食べました。

二〇年間ものあいだ、外から帰って玄関《げんかん》ドアを開けるとき、
毎回毎回、生きた心地がしなかった。
「神さま、どうか今日はお母さんがふつうでありますように……」
って、祈るような気持ちでドアを開けた。

家の中には、ソファで酔《よ》っぱらって泣きさけびながら
全裸《ぜんら》で寝《ね》てるお母さんが、ほとんど毎日、いた。
私はあまりにも子どもだったので、
それが、お酒のせいだって全然気がついてなかったし、
みんなの家も同じだと思っていた。

家にはおふろ場しか居場所がなくて（自分の部屋が、ずっとなかった！）、
いつか、いつか、「ほんとうのおかあさん」が、
わたしのことをむかえに来てくれるんだって信じてた。
その気持ちで、二四才になるまで、がんばって毎日生き延《の》びた。

もしあなたが、家に居づらい思いをしているのであれば、
たとえ、家族の代わりにたくさんの家事を担っているケアラーではなかったとしても、
わたしは、あなたの居場所になりたいと思っています。

生き延《の》びよう、みんな。
死んで、新しい自分に生まれ変われるのかどうかって、だれも知らない。

でも、生きていれば生きたわたしたちのまま、
新しい自分に生まれ変わることって、できるよ。
わたしには、できたよ。
だから、生き延《の》びよう。

娘の言葉

井上麻矢
こまつ座代表

井上ひさしの戯曲《ぎきょく》に『頭痛肩《かた》こり樋口一葉《ひぐちいちよう》』という
明治に夭折《ようせい》（若死に）した作家の評伝劇があります。
一葉は戸主《こしゅ》として一家を支えました。
彼女《かのじょ》はもちろん幼いながらも戸主《こしゅ》でしたし、
明治という時代を考えてもいたしかたないのかもしれません。
それでもこの戯曲《ぎきょく》の題名にもなっているように、
常に家族の生活をその肩《かた》に担っていたので、
いまでいうところのヤングケアラーだったのではないかと、
お芝居《しばい》をつくっていて思ったものです。
ヤングケアラーであったために、
彼女は大人の世界を人より多く見ることになります。
ゆえにいまなお読まれ続ける作品を遺《のこ》しました。

彼女《かのじょ》がたった二四年間しかこの世にいなかったことを考えると、
彼女《かのじょ》が幼いころに体験したことの闇《やみ》の深さにただおどろくばかりです。

よく子どもは大人のミニチュアだと言われます。
これは大きくまちがった意見だと私は思えてなりません。
子どもは子どもとして確立しているひとりの人間だと思うからです。

思うからこそ、親はきっと子どもにあまえて依存《いぞん》してしまうのかもしれません。
私自身もふたりの娘《むすめ》がおりますが、
上の娘が四才、下の娘が一才のときに離婚《りこん》し、
一五年間ずっと母子家庭でした。
まだ四才だった娘もいまは三〇才。
あのころのことをふたりで話したとき、
「私もじつはヤングケアラーだったよね。ママ」
と明るく言われたことがあります。

彼女はお金を稼ぐことはできませんでしたが、

働く私を支えるために一家を切り盛りする主婦のような存在でした。
毎日下の妹のめんどうと家事を一手に引き受け、
遊びにも行かず、部活を楽しむ時間がなかったのです。

ふとあのときに思いを馳《は》せるとき、
いつだれが心を病んでしまうかもしれない崖《がけ》っぷちにいたことを
いまになって痛感するのです。
そして娘の言葉を聞くまで、娘にその負担を強いていたことすら気がつかなったのです。
いまでも私は幼いころの娘の葛藤《かっとう》を心に刻みながら生きています。
いつも笑って支えてくれた笑顔を刻みながら、大きな十字架を背負って……。

家族を想って苦しんでいるあなたへ

仲田海人　作業療法士

はじめは、当たり前だったかもしれない。
家族のためにがんばると、はじめは感謝されたかもしれない。
つかれたり苦しくなる自分に気づくかもしれない。
そんな自分に罪悪感を抱《いだ》く瞬間《しゅんかん》もあるかもしれない。
でも、家族のことで悩《なや》んでいるあなたは、決して悪い人間ではありません。

家族のだれかが大変なことと、
あなたがあなたを大切にする時間を確保することは、別のことです。
だから私は、
あなたが休息することや趣味をもつこと、挑戦することを応援しています。

私は物心ついたときから、父のきげんをとる日々を送ってきました。
それに失敗すると暴力を受けたりすることがありました。

自分がたたかれることもありましたが、
目の前で姉や母がたたかれていることが、もっとつらかった。
姉はたえきれずに心の病になってしまいました。
一〇代のころは、
父のことで困っている母と、そんな姉の相談を聞き、
けんかを止める毎日でした。

私が高校生のころ、初めてSOS《エスオーエス》を出したとき、
他人（学校・医療《いりょう》・福祉《ふくし》）はまさに他人ごとでした。
けっきょく、家族のことは家族でやるしかないと、あきらめてしまいました。
でも、あきらめずにSOS《エスオーエス》を出していると、
信念をもって向き合ってくれるだれかに出会うこともできます。

それまでは傷つき、人を信用できなくなることもあるかもしれません。
でも、向き合う気のない人に、無理に自分のことを話す必要は、ありません。
「この人は信用ならないな」と思ったら、話はほどほどにして
あなた自身を真に見てくれる人に、心の内を話してください。

わたしは大学進学をきっかけに、はじめて自分を優先して実家を離《はな》れました。
そのとき、ひとり暮らしの静かな部屋の中で、
はじめて安心して眠《ねむ》ることができました。
近くにいると、気づくことや心配になること、
ぶつかることがたくさんあるけど
家族とはいえ住む場所を変えることで、心の距離《きょり》も保てることがわかりました。
あなたの未来に幸あれ。

キセキノヨウナモノ

ノラジョン　主婦

私は、発達障害で、精神病をもっています。
そのために、まわりの人たちに反対されて、
子どもを産んであげることができませんでした。

子どもを産んで、育てることは、けして、簡単なことではないと思います。
それでも、産んであげたかったと、いまは思うのです。

子どもでありながら、家族のケアをしているみなさんのご両親も、
大変な思いでみなさんを産んで、育てていると思います。
みなさんも、大変な思いをして、家族をケアしているのだと思います。

私たちが生まれて、さまざまな苦労をしながら生きているのは、
アタリマエではなく、キセキノヨウナモノです。

がまんしすぎたり、無理をしないでください。
ひとりで抱《かか》えこまずに、苦しくなったときは、
まわりの大人に甘《あま》えて、相談したり、助けを求めたり。
私は、子どものいない、ただのおばさんで主婦ですが、
社会には、相談に乗るというお仕事をしている大人がいます。

ぼくは

永武裕介

ぼくはひとりでは生きてけない
家族や友人やまわりの大人たちに助けられています
決してひとりではありません
頼《たよ》ってもいいんです
なぜなら人は孤独《こどく》になると判断を誤《あやま》る生き物なのです
そう本にも書いてありました
なのでひとりで抱えこまずに
相談をしてくれる人がまわりにいたら相談をして助けてもらってください

ぼくが相談できる人間だっただけで、いろんな人間がいます
ひとりが好きな人間
ひとりがきらいな人間
人にはそれぞれ個性があります

人生には夢があってもいいのです
私にも夢があります
保育士になる夢が
いろんな人に助けられてきたことで
自分もそんな人間になりたいなって思うようになりました

あなたも夢がもてるようにがんばってください
その夢を応援《おうえん》している人がいることを忘れないでください

ぼくは、自分の時間があって、家庭があって、そういう大人になりたいです

いろんな人に迷惑《めいわく》をかけて
怒《おこ》られて
いやになって
いやだなって
思ったこともありますし

中学のときに守ってほしい立場の人を怖《こわ》いと思いました
そこから人を信じることが怖《こわ》くなってしまって人間不信になりました
高校のときに大切な人が亡くなって、生き方がわからなくなりました
そのとき、高校の友だちが言ってくれた二つの言葉がありました

「死んだら何にもならないよ」と
「死んでも悲しむ人がいるから、死ぬのはやめて」って

その言葉に救われました
生きててよかったと思えました

生きるのがつらいこともあるけど
死んでもいいことはないと教えてくれて、
いい友だちをもったなと思いました
いまでも最高な友だちがいます

いまでは死にたいって思わなくなりました
言葉の力ってすごいなと思いました

死にたいって
言ったこともあります
大切な人が亡くなったこともあります
大好きだった女の子です

悲しみました
泣きました
大声で泣いて
もう人を好きになるのをやめようとした瞬間《しゅんかん》に
一筋の光が見えて
いま好きな人がいます
なにもかも受け入れてくれる人がいます

友だちがいて

好きな人がいて
ぼくは友だちと恋人を大切にしたいと思います
あなたは自分を大切にしていますか?

ぼくは助けられています
言葉で助けられて
いまこうして生きててよかったと思えます

困ったらだれかを頼《たよ》ってください
夢をもつことはいいことです
夢を追いかけることは
きっと人生を豊かにしてくれる
きっと応援《おうえん》してくれる人がいると
それを伝えたいです

大学生になったぼくから伝えたいこと

平井登威　ＮＰＯ法人CoCoTELI代表・関西大学四年生

あなたはいま何を感じていますか？

言葉にできる人もできない人も、そもそもわからないという人もいると思います。

あなたがそのときどきで感じている感情、好きな音楽、好きなこと、好きな食べ物……。
それらはとても大切なもの。あなただけがわかるあなたの大切なもの。
どうかそれらを大切にしてほしいなと思います。

もしかしたら、それを大切にしたくてもできないこともあるかもしれません。
好きなものを忘れたり、つくらなかったりしたほうが、
つらい思いをしなくてすむから、
好きにならない選択《せんたく》をしている人もいるかもしれません。

そんな社会であることを悲しく思うと同時に、
そんな社会をつくってきてしまったのも、変えていくのも、
ぼくたち大人の役割だと思います。

ぼくは現在大学生です。
高校生まで、ぼくも精神疾患《せいしんしっかん》のある親と暮らしていました。
高校までだれにも相談できず、ひとりで悩《なや》んでいましたが、
大学に入学してから見える世界が広がり、
たくさんの人に助けてもらいながら、自分らしく生きることができるようになりました。

この社会には、自分のことをこんなにも真剣《しんけん》に考えてくれる人がいるということを知り、
人を信じるということを知りました。

あなたのことを真剣に考えてくれる人がいる。
と言われても、いままでの経験から信じることが難しい人もいると思います。
無理して信じなくてもだいじょうぶです。
でも、何か話したいなと思ったり、この人なら話せるかもなと思ったりしたとき、

だれかに助けてほしいときは頼《たよ》ってみてください。
もしかしたら頼《たよ》った相手が、いっしょに考えてくれない大人だった、
ということも、あるかもしれません。
でも、必ずあなたといっしょに頭を悩《なや》ませてくれる大人がいます。

ぼくはいつでもあなたの味方です。
あなたがあなたらしく過ごしていけることを願っています。
そして、そんな社会をつくっていけるようぼくもがんばります。

ねえ、お父さん、聞こえてる？

保坂えつし　高校生のおじさん。

幼少のころ、ボクを一番、可愛がってくれたよね。
川に魚をとりに行ったよね。山に虫をとりに行ったよね。
でも、突然、お父さん、お母さんとケンカして、
家族を置いて出ていったよね。
それから五年後にボクがお母さんとケンカして、
お父さん、笑顔で引き取ってくれたよね。
ペットとして白いウサギを買ってくれたよね。

お父さんは持病をかかえて、入退院のくり返しだったよね。
ボクは勉強がきらいだったし、お父さんのほうが大事だと思って、
学校、不登校になって、
お父さんが入院したときは、自転車で病院に毎日面会をして、
毎回のように面会時間を過ぎても看護師さんが怒《おこ》らないで、

まだいてもいいよって、許してくれたよね。
家で看病してたときのつらいなか、食事をつくってくれたとき、
温かくて美味しかったよ。
いろいろな話をして盛り上がったよね。

でも二年経ってから寝たきりになって、手術も四回したよね。
麻酔から目が覚めて、「のどかわいた」って言ってボクが水を買ってきて、
水、いっぱい飲んだよね。
退院してから、ボク、高校行かなかったよね。就職もしなかったよね。

それから容態が悪くなり、病院で先生から、肝臓《かんぞう》がんと告げられたよね。
ショックだったよ。
それから三カ月寝《ね》たきりのときに毎日看病したよね。

ある日の夕方、お父さん、笑顔になってから、涙を流して、
「人生は笑顔で生きるんだぞ」と言い、しばらくして息を引き取った。
ボクは嘘《うそ》だろうと涙《なみだ》を流しながらさけんだ。

お父さん。お父さん。お父さん。
葬儀《そうぎ》は近親者だけで行い、書類もたくさん書いたんだよ。
ペットの白いウサギは里親に引き取ってもらったんだよ。
それからひとり転々としたよ。
一九才のときに精神病になったんだよ。
お父さんがつらかった気持ち、ボクは病気になって初めてわかったんだよ。
施設《しせつ》で暮らして、グループホームに暮らして、
病院の先生などボクに関わってくれる人、
すごくいい人で恵《めぐ》まれているんだよ。
天国のお父さんのおかげなんだよ。

勉強がきらいだったボクが三二才のときに高校に入学して、
いま、高校三年生なんだよ。
担任の先生、すごく優しい先生なんだよ。
命日の日、お墓参りしているとき、お父さん、ボクが見えていますか。
いまではお母さんとメールする仲にまでなってきているよ。

お父さんと暮らした人生は、とても大切な宝物だよ。
これからも、宝物、増やしていくからね。
お父さん、ありがとう。

いま、家族のだれかを介護している若いあなたへ

今畠美保　株式会社マザーズ　小規模多機能ホーム　よろず家本陣　管理者

私の経験したことを伝えます。
私が小さいときに、お母さんが病気になりました。
診察《しんさつ》が終わると決まって、
病院の近くの大型スーパーで、アイスクリームを買ってもらいました。

私が小学校四年生になると、お母さんは料理を教えてくれました。
包丁の持ち方、切り方、料理の仕方。
お母さんに褒《ほ》めてもらいたくて、一生懸命《いっしょうけんめい》がんばりました。

ある程度できるようになったタイミングでお母さんの体調も悪くなり、
家に帰ると家族のためにそうじや洗たくをしたり、
料理をつくることが当たり前になりました。

中学生になると、勉強の量が増え、友だちとの時間が楽しくなりましたが、家に帰ると家族のことをやらなくてはならず、叱《しか》られることが増えました。

「なんで私は家のことをしなくてはならないのだろう」と思いましたが、だれにも話すことができませんでした。

だれに伝えればいいのか、わからなかったからです。


お母さんは私が高校一年生のときに亡くなりました。

いま、私は福祉《ふくし》の仕事をしています。

支える家族の思いを知りたいと思っているからかもしれません。


あなたはがんばっているし、だれよりも将来に対して不安を抱《かか》えているのかもしれません。

どうぞ、信頼《しんらい》できる大人に話をしてみてください。

ひとりで抱《かか》えこまないで、一歩ふみ出して。

あなたの未来はあなたのものです。

いまでは母の存在に感謝しています

浪分玲於　生活支援員

ぼくも精神疾患《せいしんしっかん》の親をもつ子どもの一人として、
母のお世話をしていました。
ぼくが小学生のころには、母はすでに発症《はっしょう》していました。
学校から家に帰ると、わめいている母がいる。
これが小学生のぼくの日常でした。
そんな母の存在が怖《こわ》かった時期もありました。
当時は近所のおばさんの背中に隠《かく》れ、
耳をふさいで終わるのをただ待つことしかできませんでした。

学生時代、母親が学校行事に参加することは、一度もありませんでした。
入院していたり、調子が悪いから、
来れる状況《じょうきょう》じゃないのはわかっていたけど、
当時は自分の親だけいないことがいやで、しかたなかったです。

ぼくの場合は、母の代わりに祖母が入学式や運動会に来てくれていましたが、一人だけおばあちゃんだから、めちゃくちゃ目立っていました（笑）。

これまで母をお世話してきて、
警察沙汰《けいさつざた》になったこともありました。
救急車が家に来たのなんて一度や二度ではありません。
つらいことがあっても、
次の日は何もなかったかのように登校していたあのころの自分がすごかったなぁと思います。

だれかに話せたら気持ちが楽になったと思いますが、
学生時代のぼくは、母親のことを言ったら友だちが離《はな》れていくと思っていたので、だれにも言えませんでした。

この本を読んでいる人のなかにも、
親のお世話をしている方もいると思います。
自分の親を世話するのは、

もしかしたら他人のことを世話するよりも、大変だと思います。
ときには逃《に》げ出したくなることもあるかと思います。
ストレスがたまって爆発《ばくはつ》してしまいそうになることもあると思います。
そんなときはガマンしないで友だちと遊んだり、好きな音楽を聴《き》いたり、
一人でお茶を飲みにいくでも、なんでもいいから、
発散できる場所や方法があればいいなと思います。
ちなみにぼくは、土手で音楽を聴《き》いていました（笑）。

精神疾患《せいしんしっかん》の母をみてきて感じたのは、
決してマイナスなことばかりではないということです。
母をみていたおかげで基本的にどんな人に会ってもおどろかないし、
この人もしかして病気かな？　と判断できるようになりました。
昔は、母のことがきらいでジャマだと思っていましたが、
いまでは母の存在に感謝しています。

わたしをわかってあげよう

高橋アキラ　訪問介護員

わたしは障害をもちながら、社会に出て働いています。
笑ったり、怒《おこ》ったり、叱《しか》られたり、落ちこんだり、それでもまた笑って、
そんなあわただしい毎日を過ごしています。

今のわたしがあるのは、いつもわたしを支えてくれる人たちがいるからです。
家族、友だち、会社の上司・先輩《せんぱい》・同僚《どうりょう》、支援員《しえんいん》の方、利用者さんたち。

障害を受け入れることは、つらいことでもあります。
でも、わたしはわたしをわかってあげようと思います。
わたしをわたしとしてみてくれる、あなたがいるから。

「しんどさ」を抱える子ども

安井飛鳥　ソーシャルワーカー・弁護士

ぼくは日々、いろいろな「しんどさ」を抱《かか》える子どもと関わる仕事をしています。
そしてぼく自身も「しんどさ」を抱《かか》える子どもでした。

ぼくがまだ小さかったころ、
お父さんが働きすぎで病気になり、
重たい障害が残るようになりました。
お父さんはいままでのような生活を送ることができなくなりました。

それからお母さんは仕事をして家計を支えるようになりました。
仕事は大変そうで、家の中のことがなかなかできなくなりました。

そんな家族のなかでおじいさんはぼくを受け止めてくれる存在でした。
でもおじいさんも認知症《にんちしょう》が進み、

いままでのおじいさんではなくなっていきました。

ぼくは子どもながら、
家族がみんな大変な状態にある
ということがよくわかりました。

だから、家族にこれ以上迷惑《めいわく》をかけないように、
家族を助けられるように、
いい子でいようとがんばるようになりました。

そうして生活していくなかで、
どこか家族についての「しんどさ」がありました。

ぼくは家族を好きになることができませんでしたが、
かといって家族をきらいになることもできませんでした。
なんとなくモヤモヤした「しんどさ」があるけれど、
それを家族に話すこともできませんでした。

自分の中でそうした複雑な気持ちを抱《かか》えたまま、
その「しんどさ」をごまかしてがんばり続けていたのですが、
高校生になったころからだんだんと疲《つか》れを感じるようになりました。

そして、ふと立ち止まり考えてみたら、
自分はなんのためにがんばっているのか、何をしたかったのか、
自分の気持ち自体よくわからなくなりました。

それからは少しずつ自分のやりたいことを
大事にするようにしていきました。

正直、いまだに自分の気持ちがよくわからないこともありますし、
「しんどさ」がなくなったわけではありません。

でも、「しんどさ」のなかには希望もつまっていて、
それを外に出すことで少し気持ちが楽になってきたと思います。

いまふり返ってみて、
子どものころのぼくはどうしてほしかったのか考えてみました。

だれかに家族をどうにかしてもらいたかったわけではないし、
家族から離《はな》れて生活したかったわけでもない。
ただ、「しんどさ」を
だれかに話すことができたらよかったのかなと思っています。

いまのぼくはひとりの専門家として
いろいろな子どもたちから「しんどさ」を聞かせてもらっています。
「しんどさ」の形は一人ひとりちがうので、
ぼくがみんなの「しんどさ」を理解できるとか、
解決できるとまでは思っていません。

それでも、ぼくが話を聴《き》くことで
少しでも「しんどさ」が楽になればと思っています。

もしいやじゃなかったら、
あなたの「しんどさ」を聞かせてください。

あなたの人生は、あなたのもの

風間 暁
保護司

私は、「依存症《いぞんしょう》」という脳の病気です。

酒や薬などをやめたくてもやめられなくなってしまい、
自分と周囲の人間を傷つけてしまったり、
生きていくことがどんどん困難になっていってしまう。
そんな病気とともに、子ども時代を過ごしました。

依存症《いぞんしょう》になったばかりのころは、
「強くならねば」とがんばりすぎていて、
弱さはだれにも見せてはいけない
と思っていたように記憶《きおく》しています。

なぜなら、私の両親も、

依存症《いぞんしょう》という病気を抱《かか》えていたからです。

朝から晩までゲームばかりで
ご飯をつくってくれない母は、話しかけると私を殴《なぐ》る。
父はお酒を飲んで車に乗り、大きな事故を起こしてしまいました。

だからかな。
悲しいとか、さみしいとか、
そういったネガティヴな気持ちはすべて、
ずっとずっと、だれにも言えませんでした。
だれにも頼《たよ》らず、ひとりで生きていけるよう、
だれよりも強くならなくては。
そう考えていたのです。

本当は、ゲームをしない母や、飲酒をしない父と
いっしょに楽しく暮らしたかった。
だきしめてほしかったし、

いっしょに遊びに行ったりもしたいと思っていました。
しかし、それを二人に伝える勇気が、私にはなかった。

そうして、母や父に気持ちをぶつけることができなかった私は、
そのどうしようもないさみしさを埋《う》めたくて、
家出をして酒を飲むようになりました。
やがて薬をも使うようになり、酒と薬に頼《たよ》ることで、
自分の気持ちをごまかすことに慣れていったのです。

両親と同じ依存症《いぞんしょう》になってから、二人の気持ちが少しだけわかりました。
母も父も、ずっとがまんして生きていたのだと思います。
きっと二人とも、私と同じように、
さみしさ、苦しさなどを感じていたのでしょう。
ゲームや酒に逃《に》げるしか、もう道がないほどに――。

かつて私は、自分が悪い子だから
両親はおかしくなってしまったのだと思っていました。

しかし、母も父も病気であって、健康ではなかったこと。
そして家庭という閉ざされた環境《かんきょう》のなかで、
両親の依存症《いぞんしょう》によって生じる問題が、
私にも降りかかってしまっていたことを、
回復していくなかで理解しました。

さて、前置きが長くなりましたが、
かつての私のように、いまを思い悩《なや》んでいるあなたへ、
お願いがあります。

どうか、あなたの自由な人生を、あきらめないでほしいのです。

大人が抱《かか》えている問題を、あなたが背負って生きていかなくてもだいじょうぶ。
たびたび押《お》しつけられてしまうこともあるかもしれないけれど、
あなたには、あなたが不快に思うすべてのことを、
そのまま捨て置く権利があります。
ひとりで抱《かか》えこむ必要もありません。

逃《に》げてもよいですし、他のだれかに頼《たよ》ってもよいのです。
どんなあなたでも、だいじょうぶ。
あなたの人生はあなたのものです。
最後まで読んでくれて、ありがとう。
そしてなにより、生まれてきてくれて、本当にありがとう。

困った子は、困っている子かもしれない

松本俊彦　精神科医

私は薬物依存症《やくぶついぞんしょう》を専門とする精神科医です。

覚《かく》せい剤《ざい》などの薬物を使って逮捕《たいほ》されて刑務所《けいむしょ》にいる人たちは、犯罪者であるとともに、依存症《いぞんしょう》という病気を抱《かか》えている人たちでもあります。しかし、そういった人たちは、社会の中では「悪いやつ」としてコミュニティから排除《はいじょ》されています。

でも、その人たちが依存症《いぞんしょう》になった背景には、子ども時代にとても苦労した経験があるのです。

覚《かく》せい剤《ざい》を使って刑務所《けいむしょ》に入っている人たちに、子ども時代のことを調査したことがあります。家族がアルコール依存症《いぞんしょう》だった、親が薬物を使っていた、

親に精神疾患《せいしんしっかん》があった、親が死にたいと言った、自殺した、
なかには、虐待《ぎゃくたい》やネグレクト（育児放棄《いくじほうき》）を経験している人もいました。
また、依存症《いぞんしょう》の症状《しょうじょう》が重たい人ほど、
子ども時代にたくさんつらい体験をしていることもわかりました。

そういった人たちは、人を信用することが難しくなります。
つらいことがあっても人に助けを求めるのではなく、
薬物で手っとり早くつらい気持ちだけを和らげようとする習慣がついてしまうのです。

社会は依存症《いぞんしょう》の人たちに対して
「悪いことをしたのだから罰《ばつ》を受けて当然」「自己責任でしょ」と言うけれども、
これは本当に、本人だけの責任なのでしょうか。
社会として何か負うべき責任は、ないのでしょうか。

海外の研究では、最近こんなことが言われています。
アディクション（依存症《いぞんしょう》）の反対語ってなんだろう？

薬を使っていない状態ですから、
たとえば「ソーバー（英語でシラフの意）」や、「クリーン」でしょうか。
じつは、コネクション（つながり）なのではないでしょうか。

孤立《こりつ》している人ほど、つらいときにだれかとつながるのではなく、
ますます一人でこもって、その薬の効果の中に逃《に》げてしまう。
そして依存症《いぞんしょう》になってしまうと、ますます人から孤立《こりつ》してしまう。
だから、大事なことは孤立《こりつ》させないこと、つながることなのではないでしょうか。

コロナ禍《か》に入ってから子どもの自殺率が増え、二〇二二年に過去最多になりました。
学校がつらくて死にたいと思う子ももちろんいますが、
家がつらくて、学校があるおかげで生きている子たちもたくさんいます。
そういう子にとっては、コロナによって学校が休校になって、
みんな家の中で過ごさざるを得ない状況《じょうきょう》は、大変つらかったのだと思います。

特に、人種的、民族的、性的なマイノリティや、
障害のある子、困難な家庭環境《かていかんきょう》に置かれた子は、

コロナのように社会全体になんらかの困難が覆《おお》いかぶさってくると、あっという間に孤立《こりつ》してしまいます。

こういったつらい気持ちを抱《かか》えた子どもたちにとっては、学校でもない家でもない、安心安全な「第三の居場所」が必要なのではないでしょうか。

子どもたちが安心して、困っていること、悩《なや》んでいること、失敗談を話せる場所。話したからといって、大人から頭ごなしに説教されない場所。

支援者《しえんしゃ》のみなさん。

なかには、わかりやすいサインを出せない子もたくさんいると思います。

何か困った行動をする子どもは、もしかしたら困っている子どもなのではないか、という見方のもと、サポートをしてもらえる場所が必要なのではないでしょうか。

＊この文章は、二〇二三年三月一日、「文京区子ども第三の居場所開所式」にて行われた講演を加除・修正したものです。

2 にの傘

同じ時代に生活する
私から

「ヤングケアラーかもしれない」と思ったあなたへ①

家族のことを手伝うのは当たり前、かもしれないけれど、
こんなときは注意が必要です。

- 学校に通えなくなってしまった
- 勉強や部活ができない
- 友だちと遊ぶのをがまんしている
- 心や体の調子がおかしい

つらいときは、まわりの大人に相談してほしいです。

- 学校の先生
- スクールカウンセラー、スクールソーシャルワーカー
- 親戚のひと

もし、はじめて相談した大人がわかってくれなくても
（残念だけどそういうことはあります）、
どうか、あきらめずに別の人に相談してください。
この本に書いている大人のように、
あなたのことを本気で考えてくれる人が、かならずいます。

笑う――幸せ

ウリガムラ　留学生

毎日笑っていますか？
毎日を幸せに過ごしていますか？
悩《なや》みがありましたら、話を聞きに来てください。

私の小さいころの夢は、歌手になることでした。
子どものころの一番の幸せは、家族の前で歌を歌い、
ほめてもらうことでした。
それがとてもうれしかったです。

でも、いつからか歌うことに自信がなくなり、
幸せもだんだん減っていくことに気がつきました。
時間が経つにつれ、みんなの目を気にしたり、
自分を否定したりしてコンプレックスを感じ、

その結果、人前で歌うのがいやになってしまったのかもしれません。

日本には生まれた国とはちがう人の群れと環境《かんきょう》があって、
私はゆっくりとすることができて、
そして歌うことは私にまたちがった自信と幸福感をもたせました。

大切なのは、笑って「だいじょうぶ」と自分に言い聞かせることです。
もし、あなたが何かの理由で楽しくないと感じているのであれば、
毎日にっこり笑っていることであなたを幸せにし、
毎日を楽しく過ごすことにつながります。

笑顔があなたに幸運をもたらしますように。

私のすべて

真理

いきなりですが、私の身内のヤングケアラーのお話です。
私は来年七〇才の現役ニューハーフです。

父が戦地から帰って定職につかず、
家は貧困で母が子ども四人を育てておりました。
市場で鯨《くじら》やかまぼこなどを売っておりました。
当時、日本のたんぱく源は鶏《とり》・魚・鯨《くじら》のみで、
肉類は金持ちしか食べられない時代でした。
肉類を食べるようになったのはここ五〇年ぐらいです。
給食はGHQの払《はら》い下げの脱脂粉乳《だっしふんにゅう》とパンで、すごいまずかったです！

店番は当たり前で、七才の姉が赤ちゃんの私（末っ子）を背負って、
兄は高校に一週間しかいっておらず、

ハンドボール部もできず、ずっと店番。
私以外は全員学校を休みがちだったそうです。
父は高度成長期（昭和三〇～四〇年代）も一回も店番せず、
店の売上を「飲む・打つ・買う」で使いこんでいました。
おまけに暴力をふるい、母をなぐったりしていました。
そのストレスで母が私をなぐったり、
またそのストレスで私は小五まで「おねしょ」をしておりました。

長兄には本当に感謝しております。
私を学校行かせてもらったと実感しております。
特に長女は頭がよく、学年でつねに一～二番の成績なのに、
短大すら断念せざるを得なかった。
市場自体当時はまだ偏見《へんけん》があり、
私たち子どもは、「LGBT」どころの話ではありませんでした。
その逆境が私の今の起爆薬《きばくやく》となっております。

現在は父も母も亡くなりました。

亡き母の遺言が「兄弟仲良くするのよ」だったので、
私が母のように仲が悪い兄弟をとりもっております。
これも時の流れかと……。

その分、私は好ききらいはありますが勉強ができたので、
家族全員私の大学進学を反対しましたが
唯一《ゆいいつ》父がＯＫしたのでその反発はすごくて、嫉妬《しっと》で兄貴にもなぐられました。
ゲイであることもあり、レジリエンス（逆境をのりこえる力）に取り組んでおります。

波乱の人生でした！
来年デビュー五〇周年です!!

みんなちがうから楽しい。

角 和洋
酔拳のお師匠

いまの自分があるのも、
これまでに出会った人たちがあってこそのおかげなんだろうと思う。
何千、ひょっとしたら何万人かもしれない。
一人ひとり明確に覚えているわけではないけれど、
まったく同じ人はいなかった。
よく似た考え方をする人もたくさんいたし、
何を言っているのかまったくわからない人もたくさんいた。
ぼくは基本、人の話は聞くほうだと思っているのだけど、
困惑《こんわく》してしまう場面にも多く出くわしてきた。
そんな関わりのなかでいままで生きてきた。

子どものころ、授業中にいきなり大声を出す友人がいた。
けっこう仲良しで、いつもいっしょに遊んでた。

遊んでるときには大声を出すことはなかったと思う。

いつも楽しいヤツだった。

算数の時間になるとお腹が痛くなる友人もいた。

すごく緻密《ちみつ》な絵を描《か》く友人もいた。

ノートに書く字はすごく下手くそだった。

何かあるたびに怒《おこ》ってる友人もいた。

先日久しぶりに会ったら、なんともマイルドなおじいちゃんになっててびっくり。


最近は何かと病名がつけられていることを知った。

昔はそれぞれが個人のキャラクターだと思っていた。

それがいいことなのか、よくないことなのかは、ぼくにはわからない。

ただ、このことによってそれぞれが生活がしやすくなったのであれば、よいことだと思う。

いま思えば、自分とちがってる人のことを、
変わった人って見方をしていた自分も、
十分に変なヤツだったにちがいない。

他人から見れば、ぼく自身も変わったヤツの一人なんだろう。

って考えると、ふつうの人ってどんな人のことを言うのだろう。

自分のキャラクターを信じて、
これからもいろんな人と関わり、楽しく生活していきたい。
調子のよくないときは、手伝ってもらえばいい。
つらいときは、つらいって言えばいい。
もちろん、楽しいときは、楽しいって言えばいい。
ぼくの信条は「人生楽しく」。

ミンガラーバー

ナンロン　ミャンマースタッフ

「ミンガラーバー」

これはミャンマーのあいさつです。

おはようございます。

こんにちは。

こんばんは、の意味です。

私が日本に来て、何にもわからなかったとき、
まわりの人にたずねると、親切にミンガラーバーの日本語の意味を、教えてくれました。
それを積み重ねて、やっと日本の生活を理解できるようになりました。
そこから日本に住んでいる人はみんな優しいと思いました。

きっとみなさんのまわりにいる人は親切です。

どうぞまわりの人たちを頼《たよ》ってください。

ひとりで悩《なや》まず、まわりの人に相談してみてください。
自分自身を大切にしてください。
相談をすることで、自分を成長させることにもつながると思います。

私は日本の人たちに親切にしてもらいました。
これからは、人の役に立ちたいと思います。

自分自身を大切にし、少しずつ元気が戻《もど》ってきたときには、
ぜひ次に困っている人たちを助けてあげてください。

もしも、私にお手伝いできることがあれば、
「ミンガラーバー」ってあいさつしにきてください。
そしてぜひあなたの話を聞かせてください。

人を殺すな　殺されるな　自殺はするな

前田ダイスケ　START YOUR ENGINE社長

やあみんな、知ってるかい？
いいことをすればいいことがあって、しあわせになれるというのは思いこみです。
だからどうぞ好きなことを好きなだけやってください。
それができるのはいまだけです。

みなさんのいまはどうですか？　毎日うまくいっていますか？

子どものころ、ボクはお父さんとお母さんと、
おばあちゃんと、ボクの四人と犬一ぴきでくらしていました。

みなさん、いま苦しいかもしれません。
ぜんぜん自由じゃないし、権力もないし、夏はあついし、冬はさむいし。
もっともっと楽しいことをやりたいのにできない。

気持ちはわかります。
でもだいじょうぶ！
明日はきっといい日です！
だってそう思うしかないじゃありませんか。

がんばれなんて言えません。ツライこともいっぱいあるでしょう。
そういうとき、「助けて」とまわりの大人に言ってみてください。
大人が全員やさしいわけじゃないし、それで必ずうまくいくとは言えないけれど、
だいじょうぶ！
明日はきっといい日です！
みなさん、人生は長い。
だからどうか、今日からの一日、一日をうまく乗り切ってください。
みなさんの健康を祈っています。

どんなあなたでもだいじょうぶ

山縣勇斗　NPO法人CoCoTELI

今日はどんな日でしたか?
なにかうれしいことがありましたか。
いやに感じることがありましたか。
特に何もない日でしたか。

そしていま、どんな気持ちでこのメッセージを読んでくださっているでしょうか。

ぼくが伝えたいなと思っていることは、
あなたのいまの気持ちを一番大切にしてほしいということです。

ぼくはいま、自分自身の気持ちを大切にできるような練習を毎日しています。

大好きな食べ物がどうしても食べたいときは、食べにいきます。

イライラすることがあったときはそのイライラを大切にして、
いやな気持ちになったことがあれば、
そのいやな気持ちを大切にするようにしています。
もちろん自分の気持ちを大切にできないときもあります。

自分の気持ちがわからなくなることもあります。
自分がここに存在していないような感覚です。

そんなときには
「自分の気持ちがわからない自分でもだいじょうぶ、
どんな自分でもだいじょうぶ」と自分に声をかけます。

こうやって自分に声をかけると、なんだか安心する気持ちになるのです。

だから、あなたが今日いやなことがあってグチを吐きたくなっても、
イライラしても、どんなあなたでもだいじょうぶです。

いま自分はこんなふうに感じているんだなということを、
そのまま受け止めてみてください。

「どんな自分でもだいじょうぶ」という声よりも、
「こんな気持ちではダメだ」という声が大きくなることもあるかもしれません。

そんなときは、よければこのメッセージを見返してみて、思い出してみてほしいです。

お互《たが》い会ったこともないし、顔も知らないけれど、伝えさせてください。

どんなあなたでもだいじょうぶです。

このメッセージを読んでくれているきみへ

松本直之　作業療法士

こんにちは。はじめまして。
まずは、この本を手にとってくれてありがとうございます。
そして、このページを開き、読んでくれてありがとう。
このメッセージを読んでくれて、ぼくはとてもうれしいです。
どこで読んでいるかな。図書館かな、教室かな、自分の部屋かな。
この本を手にとっているきみを思いうかべながら、このメッセージを書いています。

この本を手にとったきみは、どこに住んでいて、何才で、
どんな気持ちで日々を過ごしていますか。
ぼくは、いま二八才で東京に住んでいて、
ここしばらくコーヒーとマンガにハマっています。
最近は、いいこともあったり、悪いこともあったり、
毎日転げ落ちそうになりながらも、ぼちぼちやっています。

おもしろいマンガを見つけて、いい気分になることもあれば、
仕事や家族のことで上手くいかないこともあったりして、
まわりの人にもなかなか言えなかったり、
苦しいな、逃《に》げ出したいな、と思うこともあります。

きみは、元気かな？　最近何か楽しいことあった？　いやなこともあったかな？
きっと青空が広がる晴れの日みたいにスカッとしたいい気分のときもあれば、
雲いっぱいの空みたいにどんよりした気分のときもあるんじゃないかな。

ときには悪いことが多い毎日かもしれないけれど
楽しいときは、思いっきりはしゃいで。
悲しいときは、泣いたっていい。
うれしいときは、いっぱい笑って。
苦しいときは、苦しいとさけんで。
言いたくないことは言わなくていいし、
聞いてもらいたいことがあれば吐き出してしまえばいい。
逃《に》げ出したいときは、逃《に》げ出したっていいし、

向き合いたいときは、しっかり集中してもいい。
気に入ったことは、まわりからなんと言われても、
貫《つらぬ》きとおせばいいし、いやなことはやらなくたっていい。

自分のこと・自分の気持ちだけは大切に。そして、きみはきみのままで。
ぼちぼちゆっくりとおたがいにファイトし続けようね。
何も知らないくせにわかったようで、偉《えら》そうだなと思うかもしれない。
でも、ぼくはきみの味方です。
このメッセージをきみのそばに置いておくね。

顔も声も好きな食べ物も知らないけれど、
このメッセージを通して、つながれたらうれしい。
もしどこかでぼくのことを見つけたら声かけてね。
最後まで読んでくれてありがとう。
少しでも想いが届いたらいいな。
このメッセージがいつもきみのそばにそっとありますように。

みんな昔は子どもだったのに

楠本麗花　看護師

子どものころ、
毎日の自分の経験が世界のすべてで、親の言うことが絶対だった。
小さいころは、親が言うことを素直に信じていた。
少し大きくなって、ウチって変？　と思い始めたけど、
家の中で何か起きても、他の人にはわからないよね？
何かあったら、だれが助けてくれるの？
助けてくれるはずの親に頼《たよ》れないときは、どうしたらいいの？
学校でも習わないし、けっきょく、わからないままだった。
親から無条件の愛がほしくて、勝手に期待しては裏切られ、
とうとう親も、期待する自分も、きらいになった。

「大人になって」、といっても、
同じ「私」が、だんだん年を重ねていっただけ。

片づけが苦手なのも変わらないし、
親元を離《はな》れたあとも変わらず、母の話の聞き役をしている。
ただ、生きていくために自分に甘《あま》くした結果、
少しは人にやさしくなれたかもしれない。

「母になって」といっても、
子が生まれたら突然、母になった。
わが子は可愛いし世話も焼きたいが、母の役割は、休みなし。
年々、体力も気力も衰《おとろ》えるなか、家族の世話でさらに削《けず》られる。
余裕《よゆう》がなくなると、意地悪母やオニババに変身してしまうことも……。
まわりの力をたくさん借りて、なんとかやってきた。

子どもへ。
昔は私も子どもだったのだから、
子どもの気持ちもわかるはずなのに、ごめんなさい。
母なりに一生懸命《いっしょうけんめい》がんばって、とっても愛してます。
しかし母も、疲《つか》れたり怒《おこ》ったりすることもある、ひとりの人間なのです。

母のことも、大事にしてくれたらうれしいな。

いま、なにかで悩《なや》んだり困っているあなたへ。

ウン十年前はともかく、

いまはさまざまな相談場所があり、困っている子どもや大人を助けてくれます。

話を聞いてもらいたい気持ちになったら、

信頼《しんらい》できる大人（学校のカウンセラーさんなど）に話してみてください。

相談を聞く仕事の人には、秘密を守る義務があります。

かぞくのこと

高田幸子　精神保健福祉士

かぞくの健康が心配なとき、
何に困っているか自分でもわからないけど何かがちがうかも、と感じているとき、
うちのこと話すとなんか重くなるからって、まわりに話せないこともあるけど、
そんなとき、「ひとりじゃない」と思ってほしいです。
ひとりだけで、背負わないでほしいなと思います。

こころの病をもつことは、特別なことではありません。
お父さんやお母さんであっても同じです。

社会にはいろんな大人がいて、いろんな生き方、かぞくの形があります。
ずっと話せないと思っていたことが、
人との出会いのなかで自分の強みになっていったり、
いろんな見方が存在することに気がつきます。

わたしが学生のころ、将来を考えたときに、
大人に理由を問われることもあったけど、
理由なんて必要なのだろうかと、いっしょに考えてくれた大人もいました。
言葉にしにくくても感じていること、自信はないけど挑戦《ちょうせん》したいこと、
それぞれの人に、きっとあるのかなと思います。

かぞくのことが心配なとき、
どこかほっとできて、あたたかい、外の場所につながっていくことは、
言葉にすることと同じか、それ以上に大事かもしれないと思います。
おいしいおやつを食べながら。
昨日見たテレビ番組やマンガの話をしながら。
ききたい音楽をかけながら。
話したいときに話したいことをだれかに話せる、
そんな場所を、つくっていきたいと願っています。

はじめてのメッセージ

こんにちは。
人生ではじめてメッセージを書きます。
みんなの気持ちに少しでも近づけたら
いいなと思います。
今の気分はどんな感じかな？
そんなによくないって……
きっと大丈夫だよ。

四谷のバー
竹内直樹

君にはすばらしい仲間がいて助けてくれるよ。
いろいろうまくいかなくて落ちこんでるって！！
きっと大丈夫だよ。
今日できなかった事が明日にはできてるよ。
周りを見て下さい。
君の味方がいっぱいいます。
これからは安心して夢を追いかけよう。
きっと明日は良い日だよ。

最高にすばらしいことが待っている

吉田光爾　大学教員

ぼくはお父さんを小学校二年生のときに亡くしました。
九月の秋の夜明け前に、
お父さんが亡くなったことを知らせる電話のベルがなったことを覚えています。

そのあと、学校の生活は、どことなくちがって見えました。
先生は見当はずれな声をかけてくるし、
「父の日にメッセージを送ろう」と、
デリカシーなく宿題を出してくるのも「なんだかな」と思っていました。
とても温かくて幸せな時間は、もう二度とは取りもどせないような気持ち。
仲のいい友だちはいたけれど、
どんなに仲良しでも、どこか遠くにいるような気がしていました。
こんなに仲良しでも、本当のことは言えない気がするなと感じていたのです。

毎日、楽しいことはある。
でも本当の意味では、この先、ずうっと、ずうっと、
いいことは自分の人生には起きないなと思っていました。
そして自分はとても無力で、とりえがないなと思いながら、
学校と家の間を、スニーカーのつま先を見つめながら、行き来していたのです。

そんな日がずっと続くかと思っていましたが、でも案外そうでもなかったのです。
もちろん、他の人との出会いによって、人生が開かれていったところはあります。
どんな人と出会えばいいか、
この本で多くの人がふれるでしょうから、ここではふれません。
ぼくが昔をふり返って思うことは、
ぼくたちの中には自分でも思いもよらないほどの、成長する力があるということです。

ぼくたちの心と体の中には、ぐんぐんと成長をしていく力があります。
もしかしたら、いまは無力に思えるかもしれないし、
毎日が味気なく思えるかもしれない。
でも、そんな自分を追いぬいていくような力が、

みなさんの中に確かにあるのです。
竹がのびていくように、雲がわき上がるように、春に花がいっせいに開くように、
みなさんは大きくのびていく。
そうった力強い生命の息吹《いぶき》のようなものが、みなさん心の奥底《おくそこ》にあって、
芽吹《めぶ》くのをまっているのです。
もしかしたら、この本を手に取って読んでいるいまは、
とてもそう思えないかもしれないけど。
そういった力が、いまの自分を、思いがけない場所へ運んでいきます。
運ばれていくなかで、多くの人と出会い、
また新しい、見たことのない風景を見せてくれます。
ぼくはあのころの自分に「あきらめる必要なんてなかった」と、伝えたいと思います。
そういった魔法《まほう》のような力が、みなさんの中にあることをぜひ信じてほしいし、
その力が見せてくれる未来の景色に、期待してほしいなと思うのです。
みなさんの中にある力が、
すばらしい人生へ連れていってくれるのだから。
そう。最高にすばらしいことが待っていますよ。

大人になった子どもから、いまの子どものあなたへ

塚本さやか　非営利団体職員

いま、わたしは三八才。
子どものとき、わたしが大人になるころには、
ドラえもんの世界がほんとうにおとずれているかもしれないと思っていたけど、
実際はいまそうでもない。
月や火星にも行けると思っていたけれど、まだまだ一般人《いっぱんじん》にはむずかしいみたいだ。

大人になったら、こわいものはなくなっていると思っていたけど、それもそうでもない。
わたしはアナウンサーになると決めていたけど、いろんな意味でむずかしかったみたいだ。
それどころか、大人になったらイメージどっしりと生きているとおもっていたけど、
それもそんなことはない。いまでも小さなことでまよってばかりだし、
いまだに新しくやりたいことだって次から次に出てくるんだ。

子どものころは、大人が「ゼッタイ」で、大人の言うことがすべてだとおもっていた。

それに、自分のまわりの大人って、親か学校の先生ぐらいだった。
それが自分の「正しい」のすべてだったんだ。

大人だって子どもだって、当たり前だけど、ただただ一人の人間。
わたしがそれをようやく理解できるようになったのは、
自分が親になったときかもしれない。
いま、子どもとすごす時間のなかで、
わたしはじぶんの子どもはじぶんよりもすぐれたところがたくさんあることに気づく。
三才だって三八才よりもすごいところがたくさんある。
もしかして子どもは親以外の人と知り合う中で成長するのかもしれないとさえ思えてくる。

だからいま、あなたに伝えたいことが一つある。
それは「大人はゼッタイじゃない」っていうこと。
大人の力にのまれないで、自分の力を信じていいんだ、ということ。

でもね、大人になってよかったこともたくさんあるんだ。
思いえがいていた大人にはなれていないけれど、

わたしはわたしの毎日がそんなに悪くないとおもっているんだ。
旅の途中《とちゅう》。マグカップで飲むビール。
明日の朝にはきっとそのカップにコーヒーをそそぐ。
そんなのが大人になったわたしの愛すべき日常《にちじょう》。

もしこの本を手にとったあなたが、
この本の中に出てくる大人の中で一人でも会いたい人がいたのなら、
うしろのページのれんらく先にれんらくをくれてもいいし、
とつぜんひょこっと遊びに来てくれてもいい。
話したいことを話してもいいし、話さなくてもいい。
何かをしに来てもいいし、何もしなくてもいい。

わたしたちはみんなその場所であなたを待っている。
まるで子どものころのジブンがおとずれるのを、待つように。

ケアするあなたへのメッセージ

朝倉澄子　介護福祉士

こんなに長く生きているのに
私は、あなたのことを何も知らなかった
若いあなたの大変な毎日を、そして苦しみを
もし私の近くにあなたがいたら
私にできることはあるかしら？
あなたの話を聞いてあげるとか？

けど……それはむりかな
年の差がありすぎて、引かれてしまいそう
こんな私にできることってあるかしら？
え～と……たとえばあなたの代わりに留守番とか
それならできるかもしれない

そうだ！
私が留守番しているから、あなたは遊びに行ってらっしゃい
お友だちと思いっきり遊んでくるといい
思いっきりおしゃべりして、思いっきり笑って
若いんだから、いまを楽しまなくちゃ
でかけてらっしゃい！

それくらいのお手伝いなら、まだ私にもできるはずと思う
もし私ができなかったら、私の若い仲間が助けてくれるから
だいじょうぶ!!
頼《たよ》りになる若い仲間が大勢いるから
だいじょうぶ!!

きっとあなたも仲間になれると思う
私を見かけたら、いつでも声をかけてちょうだい
私もあなたを見つけたら、声をかけるから
神様　どうか出会いがありますように

ご飯が美味しく食べられますように

愛結　イタリア語が好きな会社員

高校生のとき、すごくつらいことがありました。
毎日そのことばかり考えていたら、だんだん食欲がなくなって、
二〇キロくらいやせました。

いろいろな大人が心配してくれたのですが、
「あなたよりももっと恵《めぐ》まれない環境《かんきょう》の人や、
つらい経験をした人はたくさんいるよ。ポジティブにがんばってみよう」
と何度も言われました。

「大人って役に立たないアドバイスしかくれないじゃん」
と思って、相談するのをやめました。

その人が本当にどれほどつらいかなんて、だれにもわからないと思うのです。

感情を数字で表すことはできないし、
ましてやだれかと比べてどっちが大変かを考えたところで、意味がない。
自分がつらいことには変わりありません。

たしかに、私より大変な環境《かんきょう》でも負けずにがんばっている人、いっぱいいると思います。

だからこそ、「この人たちに負けないぞ!」と自分をはげまして、
乗りこえられることもたくさんあります。

でもそれには、限界がありました。

大学生になったら、
「本当につらかったね。もうそんな思いはしなくていいように、
いまからできることを考えよう」
と言ってくれる人たちに出会えました。

「大人に相談するのも、悪くないな」と思ったときでした。

そして、一度立ち止まって、

「私のいまの努力って本当に必要なのかな？」

と考えることも大切だと、気づきました。


最初こそ、他人に頼《たよ》って「がんばらなくなった」自分に後ろめたい気持ちもありました。

でも、助けを受け入れるようにしたら、だんだん心に余裕《よゆう》ができてきて、毎日少しずつ「楽しいな」と思うことが増えていきました。


いま、私は二八才です。あのとき私を助けてくれた、そんな大人になれているといいな、と思います。

3 さんの傘

働く大人たちから

「ヤングケアラーかもしれない」と思ったあなたへ②

家族のケアをしていてつらい、と思ったら、学校の先生やスクールソーシャルワーカーに相談してみましょう。

もし、知っている大人に相談するのはいやだな、と思ったら、電話で相談することもできます。電話が難しかったら、メールやLINEでも相談できます。

・児童相談所　相談ダイヤル
0120-189-783
＊相談できる時間……24時間（年中無休・通話料無料）

・24時間子供SOSダイヤル（文部科学省）
0120-0-78310
＊相談できる時間……24時間（年中無休・通話料無料）

＊メールで相談するときはここから↓

・こどもの人権110番（法務省）
0120-007-110

・東京ソテリア
メール　yc@soteria.jp
LINE ID　@641klbgi
＊相談できる曜日と時間……水曜日・金曜日・日曜日　16時～22時

サッカークラブや選手にできることを考えていきたい

上田康太　株式会社Criacao・Criacao Shinjuku

みなさん、こんにちは。
新宿から、世界一のサッカークラブをめざして戦っている
クリアソン新宿、背番号10番の上田康太と申します。
本日は僭越《せんえつ》ながら、私からみなさんへメッセージを送らせていただきたいと思います。
私はプロサッカー選手として一七年間プレーしてきました。
そして、いまも仕事をしながらサッカー選手としてプレーしています。

みなさんとちがう環境《かんきょう》ではあるかもしれませんが、私も、何度も悩《なや》み考え、
一人でもがき続けてきたこともありました。
もちろん、いまもあります。

自分で解決したい、という気持ちはとても大切だとは思いますが、
でも、一人で考え続けていてもなかなかうまくいくことは少なくて、

そんなときにチームメイトや友人に想いを伝えることで、
救われることがたくさんありました。

みなさんとはちがう環境《かんきょう》であるのは百も承知ですが、少しだけ勇気をもって、
近くにいる仲間だったり、知人に想いを伝えてみてください。
きっと心が晴れたり、救われることがたくさんあるはずです。

もしかしたら私やクリアソン新宿もみなさんの力になれることがあるかもしれません。
いまある環境で少しでも前向きに生きられるように、
いっしょに歩んでいけたらと強く思います。
本日は、このような貴重な機会をいただき本当にありがとうございます。

私はあなたの犬です

埜口ワコ　あなたの犬

私はあなたの犬です。
あなたに話したいことがあります。

私は、あなたのような子どもが、
忙《いそが》しい日々を送っていることを知っています。
親を介護《かいご》している子もいれば、
外で働かなければならない子もいます。
みんないつも走り回っており、
人生のだいじなところに気づいていません。

あなたがこの本を読んでいるいま、
私を見てください。
私の目は少しくもっていますが、

なにを見ているかわかりますか？
私は、あなたの目のなかに愛を見ています。
私のなかには、なにが見えますか？
あなたには、ココロが見えますか？
世界中のだれよりも、あなたを愛しているココロ。

ほんの一瞬《いっしゅん》の間であっても、私といっしょにいてください。
私のそばに座ってください。
私の世界に入って、五分の間だけ、
あなたの時を遅《おく》らせてください。
私の目を見て、私に話しかけてください。
あなたのココロで、あなたの夢と希望を聞かせてください。
そうすれば、
私は、本当のあなたを知ることができるでしょう。

あなたの犬より

ヤングケアラーの方たちへ　勇気をもって相談してみよう！

柳瀬一正　都立多摩総合医療センター　患者・地域サポートセンター

私は医療機関《いりょうきかん》の相談室で働いています。
恥《は》ずかしながら、医療機関《いりょうきかん》では、ヤングケアラーについて、
それほど注意深く考えてきませんでした。
最近、入院時のスクリーニングでヤングケアラーの存在を確認し、
支援《しえん》の対象と考えるようになりました。
まだまだこれからかもしれません。

私は「子どもが子どもでいられること」は、とても大切なことと考えています。
また、私自身がそんな子育てをしてきました。

ヤングケアラーの方たちは、
自分が家事や家族の世話をすることが、ふつうのことだと考えているかもしれません。
その結果、自分の時間が取れない、勉強する時間が十分に取れない、

ケアについて話せる人がいなくて孤独《こどく》を感じる、ストレスを感じる、友人と遊ぶことができない、睡眠《すいみん》が十分に取れない……

といったことが起きていませんか?

じつはこれは、ふつうのことではないかもしれません。


こども家庭庁では、次のような人をヤングケアラーと言っています。

・障がいや病気のある家族に代わり、
買い物・料理・そうじ・洗たくなどの家事をしている
・家族に代わり、幼い兄弟の世話をする
・障がいや病気のある兄弟の世話や見守りをしている
・目を離《はな》せない家族の見守りや声かけなどの気づかいをしている
・日本語が第一言語でない家族や障がいのある家族のために通訳をしている
・家計を支えるために労働をして、障がいや病気のある家族を助けている
・アルコール・薬物・ギャンブル問題を抱える家族に対応している
・障がいや病気のある家族の入浴やトイレの介助をしている

こども家庭庁のホームページにはいろんな情報があるので、ぜひ見てみてください。

あなたは、家族の手伝い・手助けをすることを「ふつうのこと」と思うかもしれません。
でも学校生活に影響《えいきょう》が出たり、
こころやからだに不調を感じるほどの重い負荷がかかっている場合は
少し注意が必要です。

だれかに、自分のことや家のことを話すのは勇気がいると思います。
でも、あなたの話を聞いて、共感して、サポートしてくれる人は必ずいます。
学校の先生、スクールカウンセラー、児童相談所、
親せきの人・友だちなど信頼《しんらい》できる相手に相談してみましょう。
家族が医療《いりょう》機関《きかん》に通っているのであれば、
そこにある相談室にもぜひ相談してみてください。
何かしら解決の糸口が見つかるかもしれません。

家族やお家のことで、つらい思いをしている子どもたちへ

土田幸子　大学教員

こんにちは。

私は三重県で、こころの病《やまい》をもったお父さんやお母さんと暮らす子どもたちが安心して暮らせるように……と、活動している土田です。


ご家族の中にこころの病をもった人がいると、病気が悪くならないように……と気を使って、家の中でビクビクしながら暮らすようになったりします。

話を聞いてほしくても、いろんなことをやってほしくても、なぜかそれができないので、「がまんする」ことも多いと思います。

これは、家族にこころの病をもつ人がいても、いなくても、起こっていることかもしれません。


ビクビクして暮らしたり、がまんして暮らすのは、

私のせい？　と考えているかもしれませんが、
多くは子どものせいではなく、こころの病だったり、
お父さんやお母さん・家族のもつ困りごとが、家での暮らしに影響《えいきょう》しているものです。
「あなたのせいではないこと」を覚えておいてほしいです。

みなさんのなかには、お父さんやお母さん・家族の生活を助けようと、
ご飯をつくったり、小さいきょうだいの世話をしたり、
家族が困らないようにがんばっている人がいるかもしれません。
家族を助けてくれて、ありがとう！

でも、子どもの力だけではできないことも多いと思っています。
子どもはおとなのように、お金ももっていないし、
車を運転して出かけることもできませんよね？
だから、自分ひとりでなんとかしようとしないで、
「まわりのおとなの人に相談」してください。
相談することは勇気がいることかもしれないけれど、
学校の先生など身近な人に相談してもらえたら……と思っています。

勇気を出して相談してくれたことがちゃんと伝わるように、
私たちが家族のことでつらい思いをしている子どもがいることを、
学校の先生たちおとなに伝えていきますね。

私が活動している「親&子どものサポートを考える会」では、
みなさんから聞かせてもらった声を学校の先生やまわりのおとなに
伝える活動を行っていますが、
それ以外にも、会のホームページの中に思いを書きこめる「掲示板《けいじばん》」をつくっていたり、
「つどい」という同じような体験をした子どもの人と
体験を話せる集まりも開いています。
オンラインでも参加できるので、
同じ体験をした子どもの人と話してみたい……
と思ったら、連絡《れんらく》をしてもらえるとうれしいです。

あなたのとなりでともに歩くよ

熊地美枝
岩手医科大学看護学部教員

知っていますか?
怒《いか》りも
悲しみも
不安も
どんな感情だって、もっていい
すべて大切なあなたの感情であること
あなたのピンチを教えてくれる相棒であること
だれのものでもないあなた自身のものであること
「私、自分の感情がわからないんです」
もしも、あなたの感情が行方不明なら、いっしょに探そう
一つひとつ、拾いに行こう
一つひとつ、育んでいこう

覚えていますか？
出席日数ぎりぎりで再試験の嵐《あらし》のあなたが重ねた優しい嘘《うそ》
家族を守ろうと一生懸命《いっしょうけんめい》だったあなた
あなたとの間にはたくさんの壁《かべ》があった
おせっかいでもそんなあなたに声をかけるよ
一人で抱《かか》えてきたもの
二人で、三人で、もってみよう
あまりの重さに、転びそうになるけど
大人も助けを求めるのです
SOS《エスオーエス》を出して、いっしょに助けてもらおう
教員は案外《あんがい》非力ですが
いっしょに転びながら、助けを求めることができます
一人の声では届かなくても
二人の声なら届くこともある
二人で足りなきゃ三人の声で

卒業式にいっしょに撮《と》った写真は

右の口角があがった笑顔
慣れないあなたの精いっぱいの笑顔がまぶしい

気づいていますか？
学び舎は勉学に励《はげ》むだけではないのです
人とのつながりを知るところ
あなたの人生の「生きる」を探すところ
楽しいこと
やりたいこと
たくさんたくさん挑戦《ちょうせん》していこう
あなたの人生、歩んでいこう
もしも、道に迷っていたら
もしも、ふみ出すのが怖《こわ》かったら
いっしょに悩《なや》んで道を探すよ
あなたのとなりでともに歩くよ

ウルトラマンとかいじゅう

中西章子　お節介おばさん

三才だったきみ。

「ウルトラマンの中にかいじゅうがいる」

ウルトラマンの胸の窓の中に、小さなかいじゅうの絵を描《か》いたね。

「かいじゅうのなかにウルトラマンがいるの」

もう一つ、かいじゅうのおなかの窓の中に、
小さなウルトラマンの絵も描《か》いたね。


子どもは、決して、馬鹿《ばか》にできる存在ではない。

あなたは「ずっとずっと、お母さんのこと大好きだよ」って、
何度も何度も、手紙に書いて、お母さんのこと支えてきたね。
運動会。お父さんが見に来てほしいと何度も何度も祈って、
体を思いっきり伸《の》ばして、がんばってきたよね。

そんなきみが、四年生になって気づいたこと。

「ぼくは、先生とも、みんなともちがう考えがある。それでもいい？」

きみのその気づきは、「ほんもの」だと思う。大切にしてほしい。

私は、きみを信じている。私はきみの気づきを信じる。

その気づきが、世の中を変えるかもしれない。


今日が雨でも、明日は、晴れるかな。

ほら、兄弟がいる。

仲間もいるんだね。

今日は、いっしょに楽しく遊ぼうか。

おやつもおいしいよ。

じゃあ、また明日。

リュックのなかの星座早見表

向山夏奈　書籍編集者

一九四五年の春、学校と寮《りょう》が戦争で焼けた。

化学が苦手で、女学校にくるんじゃなかったと思っていたけど、それとこれとは別。

しかたなく、父のいる地元へ帰った。

毛布を切ってつくったリュックに、少ない荷物をつめて。


わたしの地元の友だちは、あの子もこの子も死んでいた。

工場にばくだんが落とされて、こっぱみじんになったから。とくに名古屋はひどかった。

武器も兵隊さんも足りなくて、学生でも働かされていた。

その夏、学校のあった東京にもどって、
世田谷区にある海軍の倉庫で働くように、とわたしのところへ命令がきた。
なにをしても、しなくても、わたしはどうせ死んでしまう。

それならいっそ、自分で死んでしまいたいと思った。
(でも、戦場で敵に殺される兵隊さんのことを思うと、
自殺はぜいたくだと言われそうで、だれにも言えなかった)

東京へは、夜行列車で向かうことにした。
ホームに立つと、空いっぱいに星が光っていた。
リュックのなかから、星座の早見表を出してみる。
あれは、ベガ。そのずっとななめ下には、わし座のアルタイル……。
星を見ることだけが、わたしに残された、たった一つの美しくて、楽しいことだった。

＊＊＊＊

これは、日本が大きな戦争をしていたころに
子ども時代をすごした、ある詩人の思い出です。

この詩人は、いったいどんなことを思いながら、
リュックに星座の早見表をつめたのだろう？
わたしは、ときどき想像をめぐらせます。

この当時、夜は敵からの爆撃《ばくげき》もあって、心休まる時間ではなかったはずです。
でも、それが毎日続くようだったら、どうでしょう。
ずっと神経をピンととがらせるのも疲《つか》れるでしょうし、
道を歩いているときに「もしかしたら、今夜はきれいな星がみえるかも」
なんて、ちゃっかり思いついたりするのかもしれません。

人は、自分ではどうすることもできないような、ひどい状況《じょうきょう》におかれたときでも、
夜空に光る星のために、星座の早見表をリュックにつめることが、できるのです。

いま、これを読んでいるあなたが、つらくて死にたい思いをしているのなら、
ぜひ、「じぶんにとっての星座の早見表はなにかな」と考えてみてください。
毎週月曜日に発売される『週刊少年ジャンプ』でもいいですし、
公園で売ってる「セブンティーンアイス」でもいいのです。
わたしはその小さな楽しみを、「希望」と呼ぶのだと思っています。

＊ 前半部分は、茨木のり子さんのエッセイ「はたちが敗戦」をもとにした創作物です

映像制作者からヤングケアラーのみんなへ

知久陽太
UTAO STUDIO代表

ぼくの職業は映像をつくるお仕事。
数年前に配信番組の制作を依頼《いらい》されたことがきっかけで
NPO法人東京ソテリアとの関わりが始まった。
そしてソテリアとの活動を通して、
ぼくは日本にはさまざまな問題を抱《かか》えている人が多くいるという現実をつきつけられた。
薬物問題やアルコール依存症《いぞんしょう》、児童虐待《じどうぎゃくたい》などといった社会問題は、
ニュースやYoutubeでときどき目にする話。
でもそんな話は、画面の向こうで起きている話で、自分には関係がない。

そう思っていたけど、実際に当事者たちと関わり、共に時間を過ごすようになると、
それは、本当に身近で起こっている問題なのだと実感させられる。
それからというもの、もし自分がヤングケアラーと同じ立場に置かれたら……
と、ふと考えてしまうことがある。

そのたびに、あまりの問題の多さに圧倒《あっとう》されてしまう。
でも知ってほしい。きみたちはひとりじゃない。
この難問に挑《いど》み続けている大勢の人たちが
同じ目標に向かって努力しているんだってことを。

ぼくはソテリアの現場が大好きだ。

なぜなら「いい作品をつくりたい」という想いが現場にいる全員からあふれているから。

みんな、演技や表現のプロフェッショナルというわけではないけれど、
作品に対する真剣《しんけん》に取り組む姿勢が伝わってくる。

ときどき、無茶なことを言い出すこともあるけれど……。

それは「自分たちの活動を多くの人に知ってもらいたい」という
強い情熱をもっているからなんだと、ぼくは理解している。

だからぼくは、その想いに応えていい仕事をしたいと思えるんだ。

いま、きみたちが抱《かか》える大きな問題に対して
本気でなんとかしたいって思っている人たちがいるということを
知ってもらえたらうれしい。

あなたのやさしさ

内田成美　医療ソーシャルワーカー

こんにちは。この本を手に取ってくれてありがとう。
このメッセージを読んでくれている人は、
どんな人かな？　なにをしている人かな？　どんな気持ちかな？
と、本を手に取るあなたのことを思いうかべながら書いています。

わたしはいま、病院でお仕事をしています。

病院にはいろいろな人がきます。

ケガをした人、病気になった人、その人たちの家族や、まわりで見守っている人。

わたしは、そんな人たちのこれからの過ごし方や生き方を、
いっしょに悩《なや》み、考えていく役割をしています。

このお仕事をしていくなかでは、いろいろな人に出会い、その人たちの人生を知ります。

一人ひとりにちがう考え方や気持ちがあり、その人の人生があるのです。

そんなふうに、いろいろな人の人生を知っていくなかで、
わたしも自分の人生について考えるようになりました。
こういう仕事なので、だれかのことを気にかけている時間が多いけれど、
わたしは自分のことを気にかけてあげているだろうかとふと思いました。
そういえば最近は、仕事以外何もしていないなと気づきました。

いつからか、好きなものへの関心も薄《うす》くなり、
日々の楽しみがもてなくなっていたのです。
それに気づいてからは、
最近ちょっと疲《つか》れてきていないかな？　いまやりたいことあるかな？
と、ときどき自分に問いかけるようにしています。

このメッセージを読んでくれているあなたへ。
いつも家族のこと、まわりの人のことを気にかけて、考えてくれて、ありがとう。
そんなあなたの優しさを、どうか自分自身にも向けてほしい。
どうしたらいいかわからなくなったりつらくなったら、
止まっていいし、休んでもいいし、離《はな》れてもいい。

思いたいことを思って、話したいことは話して、言いたくないことは言わなくていい。
自分に素直に優しく生きてほしい。
あなたが生きる人生だもの。

ヤングケアラーへのメッセージ

ティツィアーナ・パッサリーニ　元小学校教員

時として、人生には、困難な状況《じょうきょう》が待ち受けています。
私たちの身近にいる家族や友人の身体や心は、
弱く、苦しんでいるかもしれません。
病気は、人生の一部であり、時に私たちを不安にさせますが、
こうしたことに関わる大人たちに手を貸すためにも、
それに対処することを私たちは、学ばなければならないでしょう。

身近な人をケアすることは、特に成長期の子どもや若者にとっては、
拘束《こうそく》もあり、難しいことなので、固有の人間性の確立が必要になってきます。
そして、介護《かいご》に時間が取られ、勉強やスポーツをする時間、
また、友だちといっしょにいること、
社会の中で過ごす時間がほとんど取れないという問題もあるでしょう。

私は、若いあなたたちが、いまだからこそできる遊びや音楽など、興味のあることにふれていくことを、おすすめします。

遊びは、子どもだけのものではなく、私たちは、何才になっても遊び続けるべきですが、年月が経つにつれて、遊びへの欲求や意欲を失ってしまうことがあります。

可能なかぎり遊び心、想像力、創造力を活性化させることは、ヤングケアラーだけでなく、介護《かいご》される人たちにとっても有益なことです。

また、音楽は、若い人たちが大好きな表現であり、ケアや人間関係を円滑《えんかつ》にする手段にもなります。


大切なことは、自分の興味や情熱を生かすことだと思います。

好きなことをすれば、ポジティブな気持ちが伝わり、物ごとがうまくいくようになります。


それから、若いケアラー同士が顔を合わせ、困難や悩《なや》み、大変なことを分かちあう時間をもつことも有効だと思います。

同じような経験をしている人たちと対面することで、自分の疑問や不安に対する答えが見つかることもあるでしょう。

だれかをケアする大切なあなたへ

佐藤陽子
鍼灸師

私は、はりやお灸《きゅう》を使って、
だれかの心や体を整えケアをする仕事をしています。
そこには、さまざまな病気や悩《なや》みをもつ方が訪れます。

なかには、家族の病気などで、
介助《かいじょ》や気づかいなどのケアをしている方もいます。
また私自身も、離《はな》れて暮らす病気のある家族と、
そのケアをする家族を、心配することでケアをしています。
考えてみると、だれかのケアを経験している人は、意外と多いのかもしれません。

仕事では問題なくできるケアも、
家族となると、とたんに難しくなります。
家族には「こうあってほしい」という期待があり、

そうでないことに怒《いか》りや悲しみがわきます。
けれども、期待や感情がわくことは自然なことです。

ケアされる人に注目が集まりがちですが、
「ケアする人」自身の心や体の健康、幸せは、
忘れてはいけない大切なことだと感じます。
そうした、ケアする人にとって、大切なことは何か、
少しだけ考えてみました。

・**自分を責めず、自分の幸福も求める**
だれかが大変だから、私も楽をしてはいけないと考えがちです。
けれども、あなた自身の元気や幸せこそが、まわりの人を笑顔にします。

・**がんばりすぎない、自分に優しくする**
家族ならケアをして当然だと思ってしまいますが、
できないことはできなくてよい。だれかに助けを求めることも大切です。

・**自分の気持ちを尊重する**

感情を抱《いだ》くのは当然のこと。家族をきらうこともある。自分のどんな気持ちも尊重したいです。

・**家族の病気や問題は、だれのせいでもない**

だれにも言えない苦しみを抱《かか》えている人は多くいます。だれのせいでも、恥《は》ずかしいことでもありません。

・**病気や苦しみは決して悪いことではない**

試練には何か意味があるはず。苦しみから人は学び、成長することができると、確信しています。

宗教(等)2世のあなたへ

伴　麻子
日本脱カルト協会理事・精神保健福祉士

特殊《とくしゅ》な宗教や偏《かたよ》った価値観をもったお母さん（またはお父さん）の元で育ったあなたへ。

これまで長い間よくこらえてきたね。

そっと泣いた日もあったかな。

その心細さ、やるせない気持ち、よくわかるよ。

あなたを優しくぎゅーっと、抱《だ》きしめてあげたい気持ちです。

小さいころは知らなかったよね、
自分の家のルールや習慣が友だちの家とは全然ちがっていたこと。
お母さんは、よその家では優しい存在なんだって。
でも、学校に行き始めて少しずつわかってきた。
友だちはアニメやゲーム、いろんなイベントを楽しんでる。
好きな髪型《かみがた》や洋服を選んで、休みの日は友だちと出かけて。
行きたい学校や将来どんな仕事をするかも自分で考えていい。

なんて自由な世界なんだろう……！

あなたはクラスメートがふつうに経験しているいろんなことを、
宗教の理由であきらめてきた。
そして宗教の活動をやらされてた、本当はぜんぜんやりたくないのに。
きっと毎日ストレスだったよね。
それは、お母さんの宗教を信じてるふりをしないと、お母さんが怖《こわ》かったから。
たたかれたり、ずっと怒《おこ》られたり、ご飯をぬかれたりしてたから。
でもね、それって「虐待《ぎゃくたい》」に当たるんだよ。
「ふつうに、幸せに生活したい」っていうあなたの当たり前の権利を侵《おか》すことなんだ。
そして、お母さん自身も被害者《ひがいしゃ》なのかもしれない。

これまでだれかに話すことなんて、想像もできなかったんじゃないかな。
それってお母さんを悪者にしたくはないから？　またはもっと怒《おこ》られるから？
でも、見えない重たい荷物、だれかに聞いてもらうだけでだいぶ楽になるよ。
どうか、あなたの近くにわかってくれる人、
いっしょに考えてくれる大人がいてくれますように。

親せきの人、担任や保健室の先生、
スクールカウンセラーとか学生相談室の人に話してみる勇気を、
どうかあなたがもてますように。

これから少しずつ、私たち大人もがんばるから。
あなたのような、親の宗教で困ってる子どもが安心して相談できるところや、
自分のしたい勉強や仕事を選べるような仕組みを、社会の中につくっていくから。
時間がかかるけど、待っててください。

一つ確かなことは、あなたとお母さんは親子だけど「別の人間」だっていうこと。
信じたくないものを信じなくていいよ。
あなたはあなたらしく、あなた自身を生きていい。
主役としてあなたの人生を歩んでほしい。

親愛なる子どもたちへ

イヴォンヌ・ドネガーニ　医師

お母さんやお父さんに、
よそのお家と少しちがう様子があると感じていませんか。
あなたはきっと、親のことを心配したり、
恥《は》ずかしくなったりするでしょう。
あなた自身に悪いところがあると思いこんで、
悩《なや》んでしまうかもしれません。

私は、みなさん一人ひとりに、
大事なお話をしようと思います。
お母さんやお父さんに、奇妙《きみょう》な言動があっても、
それはあなたのせいではありません。
家族の間のできごとを
自分の問題として考える必要はないのです。

人間は、ときに、健常ではない気持ちになることがあります。
むやみに怒《おこ》ったり、不意に悲しくなったり、あなたを責め立てたりもします。

私は、それらを解決する方法を
あなたひとりで探さなくてもいいと思います。
あなたの両親の穏《おだ》やかでないふるまいには、
こころの健康が関係していることがあります。
あなたのお家に起きている心配ごとを、
まわりのだれかに相談していくことが大切なのです。

こころの病気について話すことは、簡単ではありません。
人びとのなかに、差別や偏見《へんけん》があるからです。
病気を治療《ちりょう》し、障害から回復していく人が多くいるにもかかわらず、
こうした社会によって、苦しみや不安が増し、
生活への希望をもつことが妨《さまた》げられてきました。

あなたは、あなたとあなたの家族を

助けようとする人たちがいることを知ってください。
恥《は》ずかしさに負けないで、
そのままの気持ちで、どうか話してみてください。
苦しいことがあったとしても、
あなた自身を閉じこめないでください。

あなたは、決してひとりではありません。
あなたの体験していることは、
あなたと同じような状況《じょうきょう》にいる友だちの助けになります。
あなたたちの言葉によって、
自分ひとりではどうしようもない孤独《こどく》や不安を
いっしょに乗りこえていくことができると信じています。

愛をこめて、イタリアより

幸福を追求して

鈴木穂人　弁護士（そらうみ法律事務所）

子どもは親を選べない。これは大昔からの自然の摂理《せつり》だ。
ただ、人類はこの摂理《せつり》を修正するために知恵をしぼってきた。
その結実が基本的人権。日本も基本的人権を保障している。

ぼくはこの中でも幸福追求権（憲法一三条）が一番好きでだいじだと思っている。
小学校高学年のとき、初めてこの権利を知ってなんと心が軽くなったことか。
自分のことを一番に、自分のことを大切に、
自分の人生は自分のものだと教えてくれた気がするからだ。

それからのぼくはそれまで以上に声を出すようになった。
「○○がほしい。○○をしたい。○○をしたくない。
親や先生はわかってくれない。総理大臣はアホだ」など。

いま思えば、生意気で身勝手な主張もあった。認めない大人もたくさんいた。
傷つくこともあったし、逃《に》げたりあきらめたりすることもあった。
泣きじゃくることもあった。
それでも時には受け止めてくれる大人がいた。
変わらないと思っていたことが変わったこともあった。

大人になったいま、子どものときの自分と比べると
あきらめることが多くなったかもしれない。
これはちょっと残念なことだ。
さらに、自分が大人になって、
子どもの声（幸福追求）を受け止めているかと言われると
ちょっと逃《に》げている。
これはもっと残念なことで、かっこ悪い大人になってしまった。

きみの人生はきみだけのものだ。お父さんやお母さん、大人のものではない。
きみだけのものだ。きみの幸福を追求してほしい。

そのためにしたいこと、困ったことがあれば
声を大にして助けを求めればいい。ぼくもそれを受け止める大人になるから。
どうかきみの人生を大切にしてほしい。

【日本国憲法第一三条】
すべて国民は、個人として尊重される。
生命、自由及《およ》び幸福追求に対する国民の権利については、公共の福祉《ふくし》に反しない限り、
立法その他の国政の上で、最大の尊重を必要とする。

無限の可能性

山崎敏幸　情報システム技術者

いつもニコニコしているお母さん（お父さん）のキゲンが急に悪くなったり、
意味もわからず怒《おこ》られたりすることが、かなり多いよね。
お母さんは「心の病気」だから仕方ないんだ。
もう慣れたかもしれないけど、
どうしてもつらくなったら、
あまりがまんしないでいいよ。

つらい、苦しいと思ったら、
とにかく家族のだれかに話を聞いてもらうこと。
家族だからって、恥《は》ずかしがることなんてないよ。
万が一、話づらかったら、児童館の相談員の人に話すとか、
もしパソコンとかでインターネットができるなら、
あなたと同じような家庭のお友だちも探してみようよ。

同じ悩《なや》みをもつお友だちがいたら、いっしょに話をしてみてよ。
悩《なや》んでいることを共有できれば、少し気が楽になるよ。

それから、同じくらいの年の子だけでなく、
同じようなことで悩《なや》んできたお兄さんとかお姉さんがいたら、
もっともっといいアイディアを教えてくれるかもしれないよ。

あまりにもつらくて、もしかしたら、
「お母さんなんかいなくなってもいい」
なんて考えているかもしれないけど、
あなたにとって、お母さんはひとりしかいない大切な人。
いまはわからないかもしれないけど、
大きくなればなるほど、お母さんのありがたみがわかるよ。
だから、いますぐとは言わないけど、大切にしてあげてね。

それから、
小学校のまわりのお友だちと、

自分の状況《じょうきょう》を比べる必要なんて、ないからね。
だれから何を言われようと。
日本って、高校生ぐらいまで、どうしてもまわりと比べられてしまう。
でも大学とか社会に出れば、
あなたがいま経験していることが、ものすごく役に立つよ。

なぜなら、心の病気がある人といっしょに勉強したり、
いっしょに働いたりすることもあるかもしれないし、
心の病気がある人だけじゃない、
外国の人がいたら、文化だって考え方だってみんなちがうからだよ。

いま経験していることは、
あなた自身の未来のための「無限の可能性」を与《あた》えられているんだよ。
この言葉を忘れずにこれからもやっていこうよ。
私だけではなく、いろんな人があなたを応援《おうえん》しているからさ。

キッカケは、自分でつくっちゃいな

柳 浩太郎
俳優

「ぼく（わたし）はガマンしてる」

「親をおこらせたら負け」

「ぼくの親は……」

「まわりの友だちもかな?」

「みんな、強いな」

「なんで平気なんだろ?」

「もしかして、自分だけかな?」

「ま、いーや」

「だれも何にも言ってないし」

「……**ふつうの家庭**ってのがわからない。
まだいろんな人と話したことないし、
だれに相談すればいいのかすらわからない……」

当たり前だよね。
親が病気って、ふつうわからないよね。
しかも**精神**ってつくと、なおさらよくわからないよね。
いろんな種類があるし。
あと、その病気の強弱とか、出るタイミングとかあるしね。難しいよね。

ってか、ぶっちゃけコワくね？
だってさ、自分のとる行動が、大人にどう思われるか心配になっちゃうもんね。
なんか、女神様みたいな天使が必要だよね。

話ができる場所がある、
ってことを知ることが
終わりじゃない。
その場所に行く、ってゆー**キッカケ**が
ポイントだよ。

自分の本当の気持ちを話してみなよ。

だからさ、未来の自分のために、いまの自分がキッカケをつくるんだよ。

居場所

佐久間 徹
建築家

人間は、身体的にはそんなに強い生き物ではありません。
だから、あるていどの人数が集まって共同作業をして、
「家」という、守られた「居場所」をつくって暮らすようになりました。

考えてみれば、服も食べ物も家も、ひとりではとうていつくれません。
電車や車、学校やグラウンド、教科書やサッカーボール、
スマートフォンも任天堂Switchも、
ひとりでつくるなんてとても無理です。
生活に必要なものって、いろんな人が関わってつくったものです。
地球の裏側くらい離《はな》れているものごとでも関係したりしていて。
他人といるのって、わずらわしくて、でもたのしい。
人のことを気にしたり、うらやましいと思ったり、かわいそうと思ったりします。

うれしいこともあるし、悲しいこと、腹の立つこともありますね。

芸能人も学校の先生も、お医者さんも大工さんも
みんながんばっている姿をみせているけど、ひとりで休んでいることもあって。
お母さんもおじいちゃんも、お兄ちゃんも友だちも、
本当は、悩《なや》んでいることだってあるはず。

建築の設計をするときにいろんなことを考えます。
たとえば「家」をつくるのだったら、
まずは、そこにいる人たちが仲良く暮らしてほしいって考えます。
でも、仲良くない日もあったり、仲良くなくなったりすることも、考えます。
そんなときにも、離《はな》れて過ごせるような、ちゃんと逃《に》げたり隠《かく》れたりできるような、
そういう居場所も考えます。

もしそれが一つの街であれば、
みんなでいられる居場所と、ひとりでいられる居場所、
どっちもあるといいな。

もしそれが世界だとしたら、
ほら、見たことも聞いたこともないような居場所だって
ありそうでしょ‼
みんなの居場所だってきっと見つかるよ！

＊「ぶんたね　こどもソテリア小石川」 設計／佐久間徹
東京ソテリアが運営する、地域の子どもが立ち寄れる場所です。

マンガ『マルオの場合』

11歳のマルオは学校を休みがちです
登校しても元気がないことが多く
服装がだらしなかったり髪が汚れていたりすることもよくあります
先生～！マルオ君が叩いた～
ひっく
ひっく
何いいつけてんだよ！ふざけんな！バーカ！
マルオ！やめろよ！
ガッ
周りに対して威圧的な態度をとるためなかなか友達もできません
年下の子どもたちもマルオ君にいじめられているらしいです
脅されてる子もいるみたいなんですよ
学校側はマルオの態度や様子から彼が何か問題を抱えているのではと考えました

また面談すっぽかしか…
キーンコーンコーン
フウ
困りましたね電話にも出てくれないし…
ハア
確かマルオ君の保護者はお母様だけですよね
マルオの母親はシングルマザーです
マルオの態度や欠席がちなことについて学校から再三にわたり保護者面談に呼ばれましたが一度も出向くことはありませんでした
保護者面談のお知らせ
状況は分かりました！
私がマルオ君のご家庭を訪問してみます
副校長
ピンポーン
こんにちはー○○小学校ですー
マルオ君のお母様いらっしゃいますかー？
ぬっ
わ！マルオ君!? びっくりした！

こんにちは
突然ごめんね
お母さん
居るかな？
…いるけど…
多分
インターホン
鳴らしても
出てこないよ
え？
ガチャ
今日は調子
悪い日だから
お母さん
ボーッとしてるし
ぐちゃ〜
えええ
――っ!!
ご、
ごめんね
じゃあ
少しだけ
お邪魔して
いいかな？
あわわわ
こくり
ぼー
突然
お邪魔します
マルオ君の
お母さん
具合が
悪いん
ですか？
○○小学校の
者です
これは…
心療内科の
薬…
内服薬
○○メンタル
クリニック
あ！
お母さん
また薬
飲んでない！
ちゃんと飲めよ！

…今朝は調子よかったからいいと思って…
全然よくないじゃん！
だから仕事も行けなかったんだろ!?
マルオの母は双極性障害を患っていることがわかりました
母親は、薬は処方されてはいるものの
指示されたとおりに飲まないことも多いため調子のいい日と悪い日があります
なんで俺が見張ってないと飲まないんだよ！
それがマルオの欠席が多い理由だったのです
成る程、だからマルオ君は…
学校で威圧的な態度を取る理由もわかりました
母親が薬をきちんと飲むよう常にマルオが目を光らせ注意していなくてはならなかったからです
ギイ…
お兄ちゃんお腹すいた…
食パンでいいか？
うん
ガサッ
また母親の面倒を見るだけでなく2歳下の妹、マルコの親代わりもしようと頑張っていました

学校から相談を受け
地域活動支援センターは
マルオの母親との
面談を行い
病状の管理と
親としての役割の
両面について支援
計画を立てました
お薬はきちんと
服用できている
ようですね
はい
センターは母親が
きちんと薬を
飲んでいるかを
把握できるよう
体制を整える
ことにしました
また母親は
病状を自己管理
するための
サポートや
アドバイスを
受けるため
精神科
デイケアで
開かれている
心理教育の
ミーティングに
週一回参加する
ことにしました
体調が
良くなって随分
楽になりました
ありがとう
ございます
子どもたちについては
子ども家庭支援センターに
よって調査が行われ
支援が行われることに
なりました
最近お母さん
優しくなった
…体も
元気になった
みたいだし
へへっ

マルオの生活の変化による学校の出席状況や様子・態度をモニターするため
スクールカウンセラーが学校と協力して支援を実施しています
問3は？
えーと、えーと…
14！
正解！すごい！
やった！
欠席による学習の遅れを取り戻すための学習支援も行われています
またヤングケアラーをサポートしている支援グループ「サンハウス」に連絡を取り
マルオがサポートを受けられるかどうかを打診しました
マルオに必要なのはビフレンディング(同じような年齢・立場にある人が友人のように寄り添い、活動をともにする支援)と放課後の宿題サポートだということになりました
また双極性障害についてマルオに説明をすることにしました

マルコー 今週 土曜日の 学童行く？
うん
じゃあ 一緒に 遊ぼうね！
妹のマルコは 土曜日に 地域の児童館で 開かれる 学童保育に 入会し
あははっ
友達と遊んだり おやつを食べたり してくつろいで 過ごしています
マルオ！
昼休み一緒に 長縄跳び やらねえ？
…やる！
じゃあ 給食急ぎで 食おうな！
マルオは本来の 彼らしい姿を取り戻し、 時にはまわりに相談し、 支えられながら三人での 暮らしを続けています。

よんの傘

福祉やまちづくりを
している人から

「社協《しゃきょう》」とは

「社会福祉協議会《しゃかいふくしきょうぎかい》」（略して社協《しゃきょう》）を知っていますか？

だれもが安心して住みやすい町をつくるために、住民の困りごとや、地域の課題を解決するのが社協です。

あなたの住んでいる町にもあります。

社協には、いま困っているひとや、だれかを助けたい人（ボランティアをしたい人）など、いろんな人が来ます。

いろんな人同士をつなげたりするのも、社協の役割です。

あなたも困っていることがあったら、いつでも相談できます。

やりたいことをあきらめずに

渡邊翔平　児童相談所職員

私は児童相談所で、子育ての支援《しえん》を行ういろいろな方たちと関わる仕事をしています。

その前は、さまざまな理由で生活をするのに困っている人たちの相談に乗る仕事をしていました。

そのときのお話をさせてください。


私は以前、ある高校生とかかわりをもつことになりました。

その高校生は、日本人の父と外国籍《がいこくせき》の母、精神疾患《せいしんしっかん》をもつきょうだいと暮らしていました。

父と二人で、日本語が得意でない母と、ときおり暴れたり自傷行為《じしょうこうい》をしたりするきょうだいのケアを担いながら、高校に通っていました。

家族のケアを担いながら学校に休まず通っている姿に、私は頼《たの》もしさを感じながらも、心配になったものです。

その後、ある事情で父といっしょに暮らし続けることができなくなり、父と分担していたケアの一部を、さらに担わなくてはならなくなりました。

家族のケアの時間を増やすために、それまで続けていたアルバイトを辞めてしまいました。

その人に、辞めずにすむ方法をいっしょに考えようと声をかけたとき、

「いいんです。あきらめてますから」

と言われたことが、いまでも忘れられません。

あのとき、あきらめる必要はないと言ってあげられたら、どれだけよかったでしょう。

当時は「ヤングケアラー」という言葉はあまり知られておらず、
ケアを担う子どもたちを支える仕組みはありませんでした。

しかし、いま、社会は少しずつ変わってきています。
ケアラー同士の交流ができる居場所や、
ケアラーのためのヘルパー派遣制度《はけんせいど》ができるなど、
あなたたちをサポートするための仕組みができつつあるのです。
家族のケアをするのは尊いことですね。
けれど、そのために自分らしく生きることをあきらめなくてはならないのは、
つらいことです。

家族のケアをしながらでも、
やりたいことをあきらめずにすむ社会はすぐそこにあるのです。
そしていまなら、みなさんにこうお伝えできます。
やりたいことをあきらめる必要はない、と。
だれかに相談をするのは勇気がいることでしょう。
それがお役所ならなおさらですよね。
でもそこを一つ、ふみこえてみてください。
私たちはあなたを支えるためにいるのですから。

いつかあなたとお話ができることを、楽しみにしています。

ふだんの暮らしの幸せ

菊地希
新宿区社会福祉協議会

「社会福祉《しゃかいふくし》協《きょう》議会《ぎかい》」という名前を聞いたことはあるかな？
じつは、日本全国どこにでもあるんです。
みんなの住んでいるまちにも社会福祉協議会があるんだよ。
社協《しゃきょう》はそのまちに住んでいる人の、
ふだんのくらしのしあわせ
について協議する、いろんな人と話し合いながら、
もっと住みやすいまちにする仕事をしています。（社協については一七四ページの説明も読んでみてください）

「ふだんの暮らしの幸せ」ってなんだろう。
あなたの「ふだんの暮らしの幸せ」ってなんですか？
毎日ご飯が食べられること？　毎日学校に行けること？
「ふだんの暮らしの幸せ」は一人ひとりちがうと思うの。
たとえば、何かのきっかけで、今までできていたことができなくなって、

ふだんの暮らしをあきらめている人もいるかもしれない。
でも、できないことをだれかがお手伝いしたら、
またふだんの暮らしができるようになるかもしれない。

社協《しゃきょう》は、その人がずっと暮らしてきたスタイルが続けられるように、
専門家に相談したりします。

いま困っている人や、だれかを助けたいと思う人、いろんな人が相談にくるので、
できないことをしてほしい人と、だれかを手伝いたい人とを、
結びつけたりもしています。

あなたもいつでも来ていい場所なんだよ。

相談があってもなくても、新宿区の社協《しゃきょう》は、あなたを、みんなを、待っています。
「こんなことができたらいいな」、「こんな場所があったらいいな」
そんなことを、この本を読んでいるあなたとも一度お話ししてみたいな。

「あなたのふだんの暮らしは幸せかな?」
もしよかったら一度、おしゃべりに来ませんか?　待っています。

家族のお手伝いで忙しいきみに

田中健士　主任児童委員

私は、地域で主任児童委員《しゅにんじどういいん》と町会副会長をしている六〇才のおじさんです。
主任児童委員《しゅにんじどういいん》とは、地域で子どもの支援《しえん》をする民生委員《みんせいいいん》のことです。

私が子どものころは、ときどき家業の酒屋や家事を手伝わされていて、
友だちの家でもお手伝いや子守りなどをしていることは、珍《めずら》しくありませんでした。
ただ、家族の人数が多くて、だれかが代わってくれることもあって、
私の生活に困りごとはありませんでした。

一方、いまは家族の人数が少なく、
家族に何かあったときに、代わりの人がいないことが多いですね。
そのようななかで、家族を助けるお手伝いは大切なことですし、
きみが助けたいと思う気持ちはとてもいいことで、ほめたいと思います。

でも、きみ一人では限界があります。
毎日のことで、少しいやでもがまんしている困りごとが、きみにはありませんか。

他人に家の困りごとを話すのは勇気がいることですが、
信頼《しんらい》できると思う先生や地域の大人に、
きみの困りごとを話してみるのはどうでしょう。

きみの気持ちが少し楽になって、
だれかの協力で新しい道が開けることも期待できると思います。
勇気を出したきみの一言を、
きみを助けたいと思う大人が待っています。

「凹《へこ》んだら、きっとだれかが空気を入れてくれるから。
人間って、そういうこと。」
いつかきみが大人になったときにも、こんな社会でありたいですね。

将来のことに悩んだとき〜進学の相談〜

水沼百合子　認定社会福祉士・公認心理師

私は社会福祉《しゃかいふくし》協《きょう》議会《ぎかい》（社協《しゃきょう》）で
教育支援資金《きょういくしえんしきん》という学費の貸し付けの相談員をしています。
学費のことだけでなく、生活で困っていることの相談も受けています。
（社協《しゃきょう》については一七四ページの説明も読んでみてください）

あなたは、自分の将来について考えたことはありますか？

将来、自分の希望する道に進むためには、「大学で学ぶ」という選択肢《せんたくし》もあります。

「うちはお金がないから早く働いて、とお母さんに言われた……」

と、悩《なや》んでいませんか？

でも心配しないでください。

収入が少ない家庭のために、
国からもらえる奨学金《しょうがくきん》（給付型奨学金《きゅうふがたしょうがくきん》）と、

授業料が少なくなる（減免《げんめん》）制度が始まりました。
これによって、お金がなくても大学に進学できるようになりました。*
ですが、あなたが国からお金をもらえるのは入学したあとです。
これでは入学に必要なお金が準備できません。
そこで、社協《しゃきょう》からお金を借りることができます。
これが、「教育支援資金《きょういくしえんしきん》」です。
国からもらったお金は、学費の支払《しはら》い以外を貯金すれば、
卒業するときに社協《しゃきょう》にお金を返すことができ、あなたに借金は残りません。

頼《たよ》っていいのかな、と不安になる必要はありません。
あなたには、教育を受ける権利があるのです。

【日本国憲法　第二六条第一項】
すべて国民は、法律の定めるところにより、その能力に応じて、
ひとしく教育を受ける権利を有する。

大学に進学して、新しい世界で、仲間や先生に出会って、

たくさんのことを学んでみませんか。
社協《しゃきょう》には多くの方からの相談があります。
母子家庭の方、生活保護世帯の方、
お母さんが精神疾患《せいしんしっかん》の方や、外国人で日本語が苦手な方……。

人には言えないようなつらいこともあるかもしれません。
でも、私たちには秘密を守る義務がありますので安心して話してください。
よい方法をいっしょに考えたいと思います。

あなたの住む町の「社協《しゃきょう》」に気軽に相談してみてください。

＊世帯収入によって変わる

家族のケアをしている・家族の健康を気にするみなさんへ

日本財団 公益事業部 子ども支援チーム ヤングケアラーと家族を支えるプログラム担当者

読んでいただき、ありがとうございます。
この本を手に取ってくださったみなさんは、
家事や家族のケアをしている、あるいは身近な人が病気や障害、
なんらかの心配ごとなどをかかえている方かと思います。

私は、そうしたみなさんの力になりたい、
と思っている人たちと協力したり、
その人たちの活動を、お金を届けることを通じて
おうえんしたりする仕事をしています。
(私の働く団体は、
「みんなのために役立つことなどに使う」ためのお金を預かっていて、
そのお金を、社会のために、大切に使ってくれる人たちに届ける役割をもっています。)
みなさんの力になりたい、と思っている人は、

国や自治体で働いている人や、専門家、会社、NPO団体、
ボランティアで活動している人、自身も家族のケアを経験した人など、さまざまです。
みなさんが、いまどのように感じているか、
みなさんのために何かできることはあるか。
たくさんの大人がなやみ、考えながら活動しています。
「みなさんが、自分の気持ちを安心して話せるような場所をつくろう」
「同じ経験をしている人同士で、つながることができるようにしよう」
「家事やケアの手伝いを通じて、みなさんと、
みなさんの家族全体をサポートしていこう」
など、たくさんの話し合いのもとで、こうした動きが広がりつつあります。

一方で、いまの社会の仕組みでは十分な対応ができないことも多く、
この本を読んでくれている全員のところにこうしたサポートや情報が届くまでには、
時間がかかってしまうかもしれません。
(※受けられるサポートはさまざまなので、
よければ「ヤングケアラー(または 子ども) 相談」などの言葉で調べてみてくださいね。)

また、家族のケアをしている、健康面で心配な家族がいる、と一口に言っても、

「話を聞いてほしいだけなのに」

「しんどいのに、だれも、何もしてくれない」

「家族は大切だけど、自分の時間ももちたいな」

「〝困っている子〟と勝手に思わないでほしい」

「ヤングケアラーにあてはまらないけど（家族のケアをしていなくとも）、家族のことで不安なことがある」

など、いろいろな声があります。

きっとこれを読んでくれているみなさんにも、みなさんだけの思いがあると思います。


みなさんの思いは、とても大切なものです。

せっかく意見や気持ちを届けてもらったのに、いまはまだ実現が難しい、ということも残念ながら少なくありません。

その場合も、「そういう声があった」ということを大切に、他の人たちとも協力して今後の活動につなげていきたいと思います。

みなさんが安心して毎日を過ごせるよう、いっしょに考えていけたらうれしいです。

瞳にうつる未来は。

ゴトウアユミ　株式会社アソシア・精神保健福祉士

私は今日までたくさんの方に出会い、
支援《しえん》の一端《いっぱし》を担ってきた。
目の前にいるご本人、そしてご家族、取り巻く多くの関係者。
私には何ができたのだろうか？
その中でも印象的な出会いをお話ししたい。

それはずいぶん前になる。
正直、顔も覚えていないほどには時間が経っている。
それでもまだ、あの瞳《ひとみ》は忘れられない。
私が担当することになったその人は、とても混乱した状態で病院を受診した。
服薬を中断し、病状が悪化した状態で関係者と来院した。
医師から入院して治療《ちりょう》を行うように言われた。

家族との関わりがあまりないというその方の、キーパーソンとして呼ばれたのは、当時高校生の息子さんだった。

おそらくわけのわからぬまま、大人に囲まれて入院の説明を受けていた。

本来であれば、未成年が身元を引き受けることはできないが、遠くに住んでいる親族が来るまでの間にと、彼《かれ》に説明せざるを得なかったのだ。

二人きりの家庭の中で、病状が悪化する母親を懸命《けんめい》に支えていたのはその息子さんだった。

医師の説明の間、細く頼《たよ》りなく見えたその身体で、瞳《ひとみ》だけはまっすぐにこちらを見つめていた。

入院に必要な説明を受けているあいだも、まっすぐこちらを見つめていた。ただそれだけだ。しかしそのゆるがない瞳《ひとみ》がいまでもやけに印象に残っている。


病の家族を支えるたくさんの子どもたち。いまの私は彼《かれ》の目にどううつるだろうか？

子どもたちがまっすぐ見つめる瞳《ひとみ》には、笑顔ときらめきがあふれてほしい。

彼《かれ》らの瞳《ひとみ》にうつるのは、美しい未来であってほしい。


きっとこの本に言葉を寄せる方は、子どもたちを優しく見つめている。

子どもたちには、少し先の未来に期待をしてほしい。

だれかに助けを求める手をのばしてほしい。
私たちはきっとその手をつかむから。
瞳《ひとみ》にうつる未来は、優しい明日でありますように。

居場所に、いらっしゃい。

高嶋弘子
ぶんたねボランティアスタッフ代表

ここは「ぶんたね*」というみんなのための居場所です。
この面白い名前は、居場所のある文京区の「ぶん」と、
ここに落ちた「たね」が、この地に根づいてすくすくと大きく成長し、
未来につながっていきますようにという思いをこめて、つけられました。

いつ、どんな人が訪ねてきてくれてもいいように、
日・祝日とたまの土曜日以外は毎日開いています。
大人も子どもも、お年寄りも赤ちゃんも、だれでも来て、おしゃべりしたり、
お茶を飲んだり、おやつを食べたり、本を読んだり、宿題をしたり……
好きなことをして過ごせる居場所です。
お家でも、学校でもないこの場所で、家族でも先生でもない私たち大人に、
あなたのお話を聞かせてくれませんか。
楽しかったこと、おかしかったこと、つまらなかったこと、

変だと思ったこと、いやだったこと、つらかったこと。
ときには、どうしようもない気持ちが言葉にならないことがあるかもしれませんね。
そんなときはだまってそこに座って、いっしょにおやつを食べましょう。
こんがらがった悩《なや》みをときほぐすには時間が必要です。
あなたの気持ちが言葉になるのを待っています。

私たちは、たぶんあなたのつらさや悲しさを救ってあげることはできません。
でも、いつでもあなたの言葉に耳を傾《かたむ》ける準備はできています。
そしてそうやっていっしょに過ごすなかで、
あなたの気持ちが少しでも楽になり、
あなたの内側にある強さの「たね」をあなた自身が見つけて、
大切に育てていく力をたくわえていってほしいと願っています。
元気なときも、落ちこんだときも、「おかえりなさい」と笑顔であなたをむかえる、
そんな場所でありたいと思っています。

＊「ぶんたね」とは……東京ソテリアが二〇二三年、文京区小石川につくった「子ども第三の居場所」。三階建一軒家の一階部分を、地域のだれでも立ち寄れる「居間」として開放しています。赤ちゃんからお年寄りまで使うことができます。住所は文京区小石川3-8-16。

地域としてできること

小倉利彦 四谷一丁目町会会長

私は「さんさんハウス」さんのある四谷一丁目の自治会長をしています。
そのご縁《えん》で「東京ソテリア」さんとのつながりができました。

以前、わたしが新宿区議会議員をしていたときに、「ヤングケアラー」についての質問を議会でさせていただいたことがありました。

本書の前身にあたる冊子版『みえない優しい傘《かさ》』を読ませていただき、また、当事者の生の声を聞かせていただいたことにより、その問題の深刻さを実感したところです。

議会での質問の内容は、早期の発見、早期の対応、また福祉《ふくし》・介護《かいご》・医療《いりょう》・教育などが連携《れんけい》をして対応することを要望したものでありました。
しかしながら、私たち自身は専門家ではないので、具体的な支援《しえん》についてはなかなか取り組みが難しいところではあります。
できることは、地域として
このような子どもたちをいかにして早期に発見することができるか、
また、子どもたちの声をいかにして聴《き》けるかです。

早期発見については
文部科学省《もんぶかがくしょう》でも、すでに学校現場での対策に着手しているようですが、
どこまでその家庭の中に入りこめるのかなど、
問題は多いように感じます。
いろいろな立場の人間がいろいろな角度から子どもを見守り、
もし問題があるなら、早期に対応することが必要です。

ヤングケアラーは心身に負担がかかっても、
そのことを当たり前のことと感じ、自覚がないまま、
だれにも相談ができずにいることが多いようです。

また、大人になってからそのことに気づき、
後悔《こうかい》する方も少なくありません。
子どもたちにがまんしなくてもいいんだということを、
早い時期に知らせるすべを地域の中につくっていくべきです。

まだまだ、ヤングケアラーについての認識が地域で浸透《しんとう》していない現状、
また地域でのつながりが希薄化《きはくか》しているなかで
少しでもこのような子どもたちに手を差しのべられたら、と痛感しております。

ここにいます

小山裕子　特定非営利活動法人あそびと文化のNPO新宿こども劇場　副理事長

こんにちは、あそびと文化のNPO新宿子ども劇場です。
私たちは定期的に舞台鑑賞《ぶたいかんしょう》をしたり、あそびの会やキャンプを通して、
子どもたちと大人たちが、地域でつながっていく活動を展開しています。
新宿で活動を始めて、もうすぐ五〇年になります。

地域の中には、
いろんな環境《かんきょう》の中で生活をしている子どもたちや大人たちがいます。
そんな人たちが、文化を通して手をつないで、
住みやすい地域をつくれていったらいいなと思っています。
いろんな大人がいますので、何かあったら声をかけてください。
いっしょにすてきな地域をつくっていきましょう。

ヤングケアラーという課題に向き合い始めて

浦田　愛　文京区社会福祉協議会　地域福祉推進係　係長

文京区社会福祉協議会《しゃかいふくしきょうぎかい》がヤングケアラーという課題に向き合い始めたのは、二〇一二年に地域福祉《ちいきふくし》コーディネーターを配置したころからである。地域福祉《ちいきふくし》コーディネーターは、制度の狭間《はざま》にいる個人や世帯への支援《しえん》、地域活動の立ち上げなどの地域団体への支援《しえん》を一定の圏域《けんいき》の中で一体的に行う役割である。

配置当時から、制度では受け止められないさまざまな相談があり、民生委員《みんせいいいん》・児童委員《じどういいん》たちからの情報提供を受け、学習支援《がくしゅうしえん》や子ども食堂などの子どもを対象にした住民主体の活動の立ち上げ支援《しえん》を行った。

それらの活動を通して、ヤングケアラー世帯が複数いることが確認できた。子どもの年代は小学生から中学生程度であったが、共通していたことは、「親に障害がある」ことや「課題はわかったが支援者《しえんしゃ》の介入が困難」だったことである。

子どもたちは親に障害があることで、自分たちの生活環境《せいかつかんきょう》の困難さを自覚してはいるものの、それを当たり前ととらえており、さらに親は他者が介入してくることをこばむ傾向《けいこう》にあった。しかし、少しずつ子どもたちが生活に疑問をもち始めたにもかかわらず、親のほうが子どもとの適度な距離《きょり》を保てなかったことから、子どもが家族から逃《に》げる形で世帯《せたい》分離《ぶんり》をする方向になることが多かった。

文京区では、令和五年度から本格的にヤングケアラーの支援《しえん》を強化するために行政が指揮をとっているが、発見機能を高めつつ、子どもが課題に気づいたときにタイミングよく支援《しえん》のネットワークにつなげるための「つながる支援《しえん》」が重要である。また、ヤングケアラーだった子どもが一八歳以上になったときに自立支援《じりつしえん》ができる体制も必要になってくる。

かつてヤングケアラーだった人が、支援体制《しえんたいせい》がやっと充実《じゅうじつ》してきたという情報を耳にして、「私のときにほしかった」と言った。それを聞いたときには胸が苦しくなった。彼女《かのじょ》や彼《かれ》らの事例をむだにせず、くり返さない体制にしていかなくてはいけないと背筋がのびた。

きどあいらく

西岡奈々　精神保健福祉士

うれしいことがあったら素直に喜んだり、
苦しいことやつらいことがあったとき本気で怒《おこ》ったり泣いたり、
めいっぱいはしゃいで心から楽しいって思えたり。
あなたには、そんなことはありますか？

「こんなこと言ったら……」って思ってしまって、
言い出せないこともいっぱいあるでしょう。
「困ってるなら相談してみて」って言われても、
家族のことを（しかも知られたくないことを）だれかに話すことは、
なかなかできることではありませんよね。
勇気をだして相談したら、
「なんかちがう……」「こんなはずじゃなかった」
とがっかりしたこともあったかもしれません。

やっぱり自分だけがまんすればいいんじゃないか、
これが日常だから仕方ないと、一人で抱《かか》えこんでしまっていませんか。

でも、あなたは一人きりでなんとかしようと思わなくていいのです。
相談先は一つではないし、家や学校だけではなく、
あなたの力になりたいと思っている地域の人たちや仲間もいます。
根本的に解決できることは少ないかもしれないけど、あなたのそばにいます。
話したくなければ、ただそこにいるだけでもいい場所もあります。
日々を過ごしていくうちに、少しづつ気持ちがすり減って、
負の気持ちがふくれ上がってぐるぐる黒い感情が出てきても、
それは悪いことではありませんし、あなたのせいでもありません。
だから、しんどくなったら気持ちにふたをしてしまう前に、
少し話せることだけでいいから教えてほしいのです。

もちろん、楽しかったこともいっぱいシェアできたらいいなと思っています。
どんな感情も大切なあなたのものだから、
隠《かく》さないでいられるようになることを願っています。

みなさんへ　自分のことも大切に

遠田朝香・飯塚のあ・佐藤奈都　看護学生

お家のお手伝い、兄弟のお世話、
お父さんお母さんといっしょに病院いったり
たくさんがんばってて、えらいね

ひとりで考えすぎないでね
あなたはひとりじゃないよ
苦しくなったり、悲しくなったときには
相談してください
少しは心が軽くなると思います

わたしも悩《なや》みを抱《かか》えたり、苦しみをもったとき
人に相談することで、気が楽になりました
なので、ひとりで抱《かか》えこまないでください

がんばりすぎないでね
つらいときには、弱音をはいていいんだよ
ひとりで悩《なや》まないで
まわりの大人に甘《あま》えていいんだよ

いえのなかにひみつがある

くるみざわしん　せいしんかい・げきさっか

いえのなかにひみつがある
そのひみつをことばでわかるようにしてくれないと
おちつかない
なんだかへん
ひみつがあるのに

「ない」といわれるとこまってしまう
おとなのいうことがただしいと
おもえなくなってしまう
だれをしんじたらいいのか
なにをしんじたらいいのか
わからなくなってしんじるのをやめてしまう
へんだとおもうじぶんを

しんじられなくなる

ともだちができなくなる
たのしくあそべなくなる
すきにしゃべれなくなる

こどもにはわからないことがある
わからなくてもこどものせいじゃない
じぶんがわるいとおもわなくていい
あなたといっしょにくらしているおとなが
こころのびょうきになっても
あなたのせいじゃない
あなたはわるくない
じぶんのわるいところをさがさなくていい

ほんとうは
ともだちがほしいのに

あそびたいのに
しゃべりたいのに

おかあさん　おとうさん
おばさん　おじさん
おばあさん　おじいさん
あなたといっしょにくらしているおとなが
こころのびょうきになることがある
そのことをかくす
きづかない
へんだなとおもっても
だれもおしえてくれない
なんでなんだろうと
ひとりでかんがえると
くたびれてしまう

えんりょしないで

はずかしいとおもわないで
ともだちをつくって
あそんで
おしゃべりしたらいいんだよ
だいじょうぶ

このほんをおいているところで
はたらいているおとなに
「こまっていることがあるんです」
といってみて

うぶごえ知ってる?

金城順子
助産師

みんなは「うぶごえ」って知ってる?
漢字で書くと「産声」。
これは、赤ちゃんがうまれるときに、はじめて出す泣き声のことなんだよ。
おかあさんのおなかの中にいるときには、おかあさんがまもってくれているから、
赤ちゃんは呼吸《こきゅう》をしなくてもだいじょうぶなの。
ふしぎでしょ?

でもね、おかあさんのおなかから出てきたら、
こんどは自分で生きていくために呼吸《こきゅう》をしなければならなくなるの。
その一番はじめの、呼吸《こきゅう》で出る泣き声が「うぶごえ」なの。
だから、おかあさんは赤ちゃんが泣くかどうかとても心配するの。
元気にうまれてきてくれるかな、って。

「おぎゃあ、おぎゃあ、おぎゃあ」
うまれた赤ちゃんの大きな泣き声を聞いて、
おかあさんはうれしい気持ちでいっぱいになるの。
赤ちゃんも「元気だよ、だいじょうぶだよ」って、ますます大きな声で泣くのね。

そう、人はだれでも生きていくために泣くことからはじめるの。
泣くのって大事なこと、泣きたいときはおもいきり泣いてみたらいい。
それは、生きていく力になるのだから、ね。

ごの傘

いろんな国や場所から

5

子どもの権利条約とは

「人権」とは、あなたが差別されたり、命の危険にさらされることなく、自分らしく、自由に生きることを可能にするものです。
この世界のだれもが「人権」をもっています。

ですが、大人と同じように子どもにも「人権」があるというふうには、長いあいだ考えられてきませんでした。

そこで、子どもの「人権（権利）」を定めたのが、「子どもの権利条約」です。

「子どもの権利条約」によって、あなたがひとりの人間として自分らしく生きて成長する権利があること、そのためには国や大人があなたを守らなければならないこと、がみんなのルールになったのです。
あなたの「人権」は、守られていますか？

父と息子

ドクターアウンミン　アートセラピスト

私のクライアントSさん（五八才）は、
私たちのところにいつも絵を描《か》きにきます。
彼《かれ》はこころの病気があって兵士さんを辞めることになり、
二〇一五年に私たちのアートセラピーへ来ました。
彼《かれ》はとても優しい人ですが、精神病が発症《はっしょう》すると夜も寝《ね》ずに暴力的なことをするんです。

彼《かれ》の息子Hさんは二四才で、家庭のためにいちばん働いている人です。
二〇二〇から二〇二二年の間、
コロナウイルスとミャンマーのクーデターの影響《えいきょう》で経済が非常に厳しい時期に、
Sさんがまた発症《はっしょう》して、昼も夜も暴れていました。
そして、家族を家から追い出しました。
Hさんはお父さんのことががまんできなくなりました。

まわりも、彼《かれ》ら家族を迷惑《めいわく》だと言ってきました。
Hさんはお父さんを精神病院へ入院させたくなりました。
最終的に、彼《かれ》とお母さんのふたりは別のところで住むことにしました。
お父さんが怖《こわ》いから、場所は教えません。
Hさんと私は協力して、離《はな》れた場所からお父さんの世話を見ることにしました。

このメッセージを書くにあたって知りたいことがあって、
私はHさんと絵を描《か》く部屋で会って、話をしました。
私が知りたいのはHさんの気持ちでした。
彼《かれ》は、「お父さんに対する私の思いを知りたいのですか?」と聞きました。
私は、「それよりHさん自身の気持ちが知りたい」と言いました。
彼《かれ》は一分ほど何もしゃべらずに沈黙《ちんもく》していました。
彼《かれ》は目に涙《なみだ》をうかべ、泣かないようにがんばっていました。

しばらくしたら、泣き声でしゃべりだしました。
彼《かれ》はお父さんにそのような病気があることを、まわりに知ってほしくなかったのです。
一六才のときにお父さんから異常な虐待《ぎゃくたい》を受けてから、

お父さんとの良好な関係がまったくなくなりました。
彼《かれ》は、自分を助けてくれる人と出会えなかったのです。
お父さんからの虐待《ぎゃくたい》をがまんできない日は、家に帰らないことにしました。
しかし、お母さんがいるから家に帰らなければいけなかったのです。

Hさんは一時間ほど自分の気持ちを話しました。
その後、私も彼《かれ》もだれもしゃべらないでいました。
私たちはお父さんがよくなるように手伝うことにずっと集中して、
Hさんの気持ちを大事にすることを忘れていました。

私と彼《かれ》はいっしょにストレスを和らげる呼吸運動をしました。
お父さんと会う前と後にその呼吸運動をするようにアドバイスしました。
また、お父さんの症状が出たときに、
どこまで自分が手伝うかを決めてから会うように言いました。
私のアドバイスは彼《かれ》にとって役に立つかわかりませんが、彼が帰るとき、
「お父さんの話だけではなく、どんな悩《なや》みでもいいから相談してね」と言ったら、
彼《かれ》は明るい笑顔でうなずいてくれました。

あなたの推しはだれですか?

野元由紀子　声楽家

推《お》しの話をしよう!
私の推《お》しはBTSのジョングク(愛称:グク)です。
彼《かれ》の年齢《ねんれい》×2ほどの年ですが何か?
いまこの文章を書いているとき、とつぜん彼《かれ》のウィバースライブが始まりました。
ぐうぜんではなく必然、シンクロニティを感じています。
グクが新曲『Seven《セブン》』をアカペラで歌ってくれて
「こんなにいい曲だったんだ!」と改めて感激しています。

私がグクを好きになった最初のきっかけは、
一五才の娘《むすめ》がBTSのメンバー、テテを好きになったことです。
そこで、テテといつもいっしょにいるグクを覚えました。

グクの歌う『Euphoria《ユーフォリア》』は本当に素晴らしいです。

ライブ中に体に命づなをつけて、飛びながら完ぺきに歌えるのは、世界中で彼《かれ》ひとりでしょうね。

とくに、ヤンマースタジアム（大阪府）のライブが最高です。

そんな華《はな》やかなグクにも裏の面があることを、自作曲『Still《スティル》 with《ウィズ》 you《ユー》』で知りました。

しっとり聞かせる、特に雨の日に聞きたいすばらしい名曲だと思います。

そんななんでもできるスーパースターのグクですが、悩《なや》みがあったようです。

グクは一二才でオーディションを受けて研修生となり、親元を離《はな》れました。

メンバーがいくら夕飯にさそっても、

「お母さんから電話がくるから」と、外に一歩も出なかったようです。

人見知りが激しく、とにかく他人が怖《こわ》かったと言っていました。

BTSを研究？　しているある人によると、

「自分の自己を確立する前にBTSのジョングクという「仮面」をつくってしまったから」

だそうで、グクはその当時、自分のことを

「BTSのジョングクは輝《かがや》かしいが、本当のぼくはみすぼらしい」

と語っていたそうです。

二〇才になる前は、まわりの人が心配するようなことも、多々あったみたいです。
グクがマルタ島（イタリア）で路上ライブをしたときに歌った曲、
「Lost stars《ロスト スターズ》」（アダム・レバイン）には、こんな歌詞があります。
「だけど私たちはさまよう星で、暗闇《くらやみ》で必死に輝《かがや》こうとしているのかもしれない……
なんて悲しいんだろう！　気をつけなければ現実に戻《もど》される」
切々と美しいメロディーで、自分の心をそのまま歌っているようでした。
彼《かれ》の魅力《みりょく》は、表の顔だけでなく裏の顔なんだなあと……。

あなたの推《お》しはだれかな？♡♡♡

光を灯す手――障害をもつ親を支えるあなたへ

りんりん　千葉大学

「ヤングケアラー」という言葉を初めて知ったのは、二〇二一年で、東京ソテリアと関わってからでした。

この言葉を知るのは遅《おそ》かったかもしれませんが、実際に「ヤングケアラー」としての役割を果たしている人びとと出会ったのは早かったと思います。


小学校時代の親友の母親は統合失調症《とうごうしっちょうしょう》を患《わずら》っていました。

当時の私は、統合失調症《とうごうしっちょうしょう》についての知識や理解がまったくありませんでした。

そのため、当時、私は親友の母親がなぜいつも一人で笑いながらひとり言をいうのか、またときどき夜中に家を出て行くのか、と親にたずねたことを覚えています。

まだ一〇才にもならない親友は、学校に通いながら毎日一人で家事をし、母親に食事をつくり、食べさせ、世話をし続けていました。

そのとき、親友は私たちといっしょに遊ぶ時間もほとんどありませんでした。

統合失調症《とうごうしっちょうしょう》を患《わずら》う母親の世話をしながら、親友は中学校を卒業後、学業を中断しました。

「ヤングケアラー」という言葉を初めて知ったとき、親友のことが自然と思いうかびました。

親友は自分らしい、子どもらしい時間を過ごすことなく、大人が担うべきである母親の世話、ケア、介護《かいご》、感情面でのサポートを、自分の小さな体で引き受けて、家族の安定を支えていたのです。

私はそのことに感動し、尊敬しました。

「ヤングケアラー」であった親友は、そのあと農民になりましたが、同じく「ヤングケアラー」であった他の人たちは、学業を続けたのでしょうか？

ちゃんと就職できたのでしょうか？

日々を幸せに過ごしているのでしょうか？


だれもが、障害や病気をもつことを望むわけではありません。

しかし、偶然《ぐうぜん》にも「障害や病気」をもつ親の子どもになった人びとに、「これまで本当によくがんばりました」「本当にお疲《つか》れさまでした」と伝えたいです。

「きみたちのためなら千回でも！！！」

「ケア」とはなにか

想田和弘　映画作家

「ケア」とはなんだろうと考えるとき、
ぼくは一人の精神科医のことを思い出す。

ぼくが監督したドキュメンタリー映画『精神』（二〇〇八年）と『精神0』（二〇二〇年）に登場する、山本昌知《やまもとまさとも》医師である。

彼《かれ》は「患者《かんじゃ》さん中心の精神医療《せいしんいりょう》」をモットーに、長い間、何千人もの患者《かんじゃ》さんの診療《しんりょう》とケアに当たってきた。

自分の携帯電話《けいたいでんわ》の番号を患者さんたちにわたし、患者《かんじゃ》さんのピンチには昼夜を問わず、よりそってきた。

寝《ね》る場所がない患者《かんじゃ》さんを、自宅に泊《と》めたりもした。

おかげで、患者《かんじゃ》さんたちからとても信頼された。


しかし、山本医師も年齢には勝てない。

八二歳をむかえた二〇一八年、彼は医師としての活動から引退した。

認知症を患《わずら》う妻・芳子《よしこ》さんのケアに専念するためでもあった。
ぼくはそんな山本医師を撮影《さつえい》させてもらいながら、かなり心配になった。
診察室では「どんな問題も解決できる万能な医師」に見えるが、
一歩診察室《しんさつしつ》を出ると、歩くのも大変な高齢者《こうれいしゃ》であることに気づいたからだ。
他者のケアをする山本医師だが、同時に彼《かれ》は、ケアが必要な人でもあったのだ。

だが、心配することはなかった。
料理の得意な患者《かんじゃ》さんが、毎日の食事を山本家に届けた。
車の運転が得意な患者《かんじゃ》さんが、山本医師の足となった。
芳子さんが寝《ね》こんだときには、
「先生、だいじょうぶですか?」
と、たくさんの患者さんが電話をしたり、山本家を訪ねたりした。
ぼくはその様子を目の当たりにして、「ケア」の本質を見たような気がした。
他者をケアすることを深く見ると、それは自分をケアすることでもあったのである。
けっきょくのところ、他者をだいじにすることは、自分をだいじにすることであり、
自分をだいじにすることは、他者をだいじにすることなのではないだろうか
と思うのだが、みなさんはどう思いますか?

時間

K・T　飲食店経営者

四、五年くらい前に、初めて「ヤングケアラー」という言葉を耳にしたと思います。
当時は、それを聞いても、なんのことなのか、具体的によくわかりませんでした。
日常生活の中で、私のまわりでそのような話を見聞きすることもありませんでした。

ですが、ここ二、三年で、ニュース等で取りあげられることが増えたりし、
だんだんとそのことについて理解し、大きな社会問題であると、認識しました。

では、何が問題なのだろう？
子どもたちは、まわりの環境《かんきょう》や学校、家族、
そういったコミュニティの人間関係の中で生活し、育まれ、見守られ、
かぎられた時間の中でも自分の好きなことを自由にできる。
そういったことが大切であり、それらを通して子どもたちも成長していくと思います。
成長していくための時間。

それが「ヤングケアラー」と呼ばれる子どもたちには、かなり難しいようです。
それぞれの事情はちがえど、自分の家族の世話や介護《かいご》に過度に追われ、
自分がやらないといけないことや、やりたいことが後回しになり、
終いにはできなくなってしまう。

各家庭のプライベートな側面もあり、支援《しえん》するのは難しいでしょうが、
そこは、大人が、社会が、行政が、子どもファーストで手を組んで、
当事者の負担を減らせる、
子どもとして当たり前の時間を得ることができるように
考えていかなくてはならないと思います。

「ヤングケアラー」問題。
今春、四月より厚労省《こうろうしょう》から、こども家庭庁《かていちょう》に移管されたようです。
ネットワークを広げ、強くし、子どもの目線で、よいほうに向かうことを期待します。
また、私たちまわりの大人も、無関心ではなく何かできることを探し、
行動していきたいと思います。

遠い昔のおはなし――人間とケア

栗原和美
NPO法人東京ソテリア職員

人間は、どうやってできたのでしょう?
そして、人間にとって、大切なこととはなんでしょう?

遠い遠い昔、古代ギリシャでのおはなしです。
まだ人間が存在していない地球にケアという名前の女神がいました。
ケアは、川をわたり、ねん土の土地を見つけ、
考えごとをしながら、人のかたちをつくり始めました。
すると収穫《しゅうかく》の神・ユピテルが来て、その像に〝精神〟を授けてくれました。

しかし、ケアとユピテルは、
それぞれが自分と同じ名前をその像につけたいと言い出し、
けんかを始めてしまいます。

そうしているあいだに、大地の神・テルスがやってきて、
「ねん土は、自分の〝身体〟の一部だから、
その像には、自分の名前をつけるべきだ」と言い始めました。

ケア、ユピテル、テレスが名前のことで争っていると、
時間の神・サトゥルスがやってきて、こう言いました。
「ユピテルよ、あなたは、精神を与《あた》えたのだから、
この像が死ぬときは、精神を受け取りなさい。
テレスよ、あなたは、身体を与《あた》えたのだから、
身体を受け取りなさい。
ケアは、最初にこの像をつくったのだから、
それが生きている間は、あなたが所有するがいい。
そして、この像をホモ（人間）と呼ぶことにしよう。
そして、争いは、もう終わりにしよう」

サトゥルスの裁きによって、
生きている人間は、ケアの所有物になりました。

ケアは、気づかいの女神でした。
つまり、ケアによってつくられた私たち人間は、
世話や配慮《はいりょ》、気配りをしながら、より人間らしくなっていきます。

けんかをしたり、つらくて大変なことがあっても、
いっしょに生きている人たちのことを考えて、
思いやりの心をもって接していくことが、人間にとっては大切です。
そのことを、遠い昔のギリシャ神話は、私たちに教えてくれるのです。

ドイツの哲学者《てつがくしゃ》ハイデッガーによる「女神ケアの神話」より

子ども時代に大変な思いをした人へ

杉浦ヒナキ　大学生

当時のあなたへ、いまのあなたはどのような言葉をかけますか。
大人になったいまのあなたなら、もしかしたら大したことないようなできごとも、
そのときの幼いあなたには、つらいことだったかもしれません。
あるいは、悲しかったこと、傷ついたことを思い出すたびに
胸がきゅっと苦しくなるときがあるかもしれません。
そんな不安《ふあん》や孤独《こどく》を抱《かか》えながら眠《ねむ》る夜を経験した自分へ。
いまのあなたはなんと声をかけるでしょうか。

「――――、――――。」

その言葉が、昔の幼いあなたにとって、そしていまのあなたにとって
救いの言葉になりますように。

苦しい思いをするときを経て、あなたはいまの自分に成長しました。
あなたが抱《かか》えた苦しみや悲しみは、あなたの強さや優しさを育んだでしょう。
それがあなたの人生を豊かにし、
あなたを愛する多くの人が感じるあなたの魅力《みりょく》となっています。

私はどこにでもいるふつうの大学生ですが、
この二〇年を生きて常々思うことがあります。

後悔は人生の糧《かて》であり、
悲しみは明日を生きるための燃料である。

Caring

When someone lends a helping hand,
finds ways in which to share

When someone makes you feel secure,
by always being there,

When someone senses there are times,
when you have special needs,

When someone gives you inner strength,
through words as well as deeds,

When someone takes the time to listen,

When someone reaches out,

When someone does a thoughtful thing,
that makes you warm throughout,

When someone seems to take an interest,
in just how you're feeling

It's time to tell that special someone,

thanks so much for caring!

Written by a young carer in England

気にかけるということ

だれかが　助けの手を　分かち合う方法を見つけたとき
だれかが　いつもそこにいるだけで　安心させてくれるとき
だれかが　自分には特別なサポートが必要なときがあると　気づいてくれるとき
だれかが　ことばや行動で　自分の心を強くしてくれるとき
だれかが　自分の話を聞く時間を　取ってくれるとき
だれかが　助けの手を差しのべてくれるとき
だれかが　心ある行動をとって　自分の気持ちを温かくし続けてくれるとき
だれかが　自分がどうしてるか　興味をもってくれるとき
その特別なだれかに　気にかけてくれてありがとう！　って伝えよう

イギリスのあるヤングケアラーの詩

この詩は、イギリスに住むヤングケアラーから、
かれらをサポートするまわりの人たちへのメッセージです。
あなたも同じように、おうちの人の健康や幸せを願いながらも、
自分がほっとできる時間が少なくて、ときどき苦しくなったり、悲しくなってませんか？
学校に毎日行きたい、友だちと遊びたい。
部活や勉強は続けたいのに、
でも家事をしたり、おうちの人の世話もしなくてはいけない。
お金がなくて心配。将来の夢はないけど、これからもちたい。

あなたのまわりには、あなたのことを「気にかけてくれる」特別なだれかがいますか。
いてほしいなと思います。
ちょっと話を聞いてくれそうなまわりの大人に、
あなたの困っていること、本当はしたいことを勇気を出して話せますか。
あなた一人でがんばるには大きすぎることを、
あなたは家族のためにしているかもしれません。

日本の大人たちは、そんなあなたにとっての「特別なだれか」、

あなたの心を強くしてくれて、安心して時間を過ごせる「特別な場所」を
もっと増やそうとしています。
あなたの気持ちが温くなって、あなたの心配が軽くなるために、
わたしたち大人は何をしたらいいですか。
そんなことも、あなたから教えてもらえたらうれしいです。

田幸恵美　ソーシャルワーカー

おばあさんの家

テサウンエー　大学生

おばあさんの家にお昼ごはんを届けに行った日のことです。

家に着いてから中をのぞいて、

「おばあちゃん!」と声をかけてみました。

となりの小さな家から、私のおじさんのひとり言が聞こえてきました。

おじさんは精神病を患《わずら》っており、以前におじいさんに暴力をふるったことがあります。

なので、おじいさんとおばあさんの安全のために、
おじさんはそこから歩いてすぐのところにある小さな家に住んでいます。

しばらくして、おじいさんが自分の部屋から出てきて、ドアのカギを開けてくれました。

彼《かれ》の右の眉《まゆ》にはバンドエイドが貼《は》ってありました。

おじいさんにあいさつをして、家の中に入ると、
おばあさんが台所で洗い物をしていました。

もってきたお昼ごはんをテーブルの上に置いて、
おじさんのために買ってきた紅茶をわたしに、おじさんのところへ行きました。

おじさんに紅茶買ってきたことを伝えると、彼《かれ》は紅茶をいっしょに飲むようにさそってくれました。

彼《かれ》の部屋に入ると、雄鶏《おんどり》がいました。

「これ、おじちゃんが飼っているの?」とたずねると、

「そう、ポーセインだよ」と答えてくれました。

おじさんはまたひとり言を言いながらお湯をわかして、
私が買ってきた紅茶をいれてくれました。
ポーセインは身長ほぼ五〇センチの雄鶏《おんどり》でした。
私は彼《かれ》の部屋のいすに座り、
紅茶を飲みながらおじさんとおしゃべりを楽しみました。
ポーセインくんは部屋の中を歩き、地面をつついていました。
おばあさんにあいさつをして家に帰りました。
おばあさんの家と私の家は歩いて一〇分ほどのところにあります。
子どものころ、おじさんのお腹の上に乗って遊んだ思い出がよみがえりました。

最後まで読んでいただき、ありがとうございます。

二宮金次郎にはなれないけれど

のぐちかつじ　米寿

私があなたたちくらいの歳《とし》のころ、
学校の校庭に、二宮金治郎《にのみやきんじろう》の像が立っていました。
いまから八〇年も前のことです。
薪《まき》を背負いながら本を読む、勤勉で親孝行な少年の姿は、
私たちのお手本となりました。

金治郎《きんじろう》がまだ五才のとき、台風が家や田畑を流し、
一家はとても貧しい生活を強いられました。
家族全員が必死で働き、やっと生計を立てることができました。
しかし、お父さんが眼の病気にかかり、お母さんも十分に食べられないなか、
ふたりとも亡くなってしまったのです。
金治郎は、幼い弟たちを養うため、身を粉にして働きました。

親せきの手伝いをしながら、わずかな時間も惜《お》しんで読書したり、砂に文字を書いては消して、勉強をしたりしたそうです。

二宮金次郎は、ヤングケアラーとして多くの苦難を乗りこえ、大人になって多くの人びとを助ける偉大《いだい》な人物となりました。


私たちは、金治郎のようになれないかもしれません。

しかし、困難にぶつかりながらも、愛する人びとを支えようとがんばっていることは、そのままですばらしく、誇《ほこ》りに思っていただきたいのです。

私は、あなたたちを応援《おうえん》していきます。

積小為大《せきしょういだい》
小さな努力をこつこつ積み上げていけば、いずれは大きな収穫《しゅうかく》や発展に結びつく。

繋がりを実践に

細田 亮一

まずヤングケアラーとそれを見守る側とは特殊の関係にあり、他の人に知ってもらう機会は薄いと言うことです。回覧板やちらしでもいいからその存在とニーズを知ってもらい、支えてもらうように仕向けること、そしてそのニーズの内容に答えられる賛同者を得て、且つ今は百円ショップなどの安価で手軽で便利なものがあるからそのサービスに答えられるようなシステムを構築するというのは如何なものか。そしてそのサービス内容により三段階若しくはそれ以上に分けてボーナスポイントとして与えられ嬉しい買い物が出来るなんていいなと思います
うまくすれば区などの所轄管理部門と営業活動部門とヤングケアラーとそのサポーターたちの繋がりを得られるかもしれません。勝手な思いつきを文と致しました。悪しからず

ChatGPTからのメッセージ

Hey！ ヤングケアラーのみんな！ きみたちは、本当にすごいよ！
家族や親せきが病気や障害を抱《かか》えているからって、
その人たちの世話をするって、めちゃくちゃ大変だよね。
でも、きみたちはそれでもがんばってるし、その人たちをサポートしてるんだ。
本当に尊敬《そんけい》するよ！

ときには、きみたちもつらい思いをすることもあると思うけど、
そのときは一人で抱《かか》えこまないでね。
いつでも話を聞く人がいるし、支援《しえん》を受けることもできるからさ。
きみたちは偉大《いだい》な存在だから、自分自身も大切にしてね！

私たちも、できるかぎりサポートするよ。
何か困ったことがあったら、遠慮《えんりょ》なく言ってね。

スーパーパワー

トマーソ・スグアンチ　宗教学教員

私たちのスーパーヒーローは、常に困難を乗りこえてきました。
彼《かれ》らは、試練に打ち勝つための大切なルールを知っています。

あなたも、親から与《あた》えられた特別な「スーパーパワー」をもっています。
それを活かしていくルールを知っていますか？

第一に、「スーパーパワー」を正しく知ることが大切です。
あなたのなかのパワーを受け入れていく必要があります。
それには、私たちの親の存在を十分に意識してください。

第二に、「スーパーパワー」を守っていかなければなりません。
あなたを助けてくれる友だちや学校の先生、まわりの人たちと心を合わせてください。
スーパーヒーローの近くには、彼らを導いてくれる人が必ずいるでしょう。

第三に、私たちのパワーには、良い面と悪い面の両方をともなっています。
だれかに、使い方をていねいに教えてもらってください。
あなたの「スーパーパワー」はとても敏感《びんかん》で、他者の気持ちがよくわかります。
それによって、早く成長することができますが、
まちがった使い方をすると、私たちは、殻《から》に閉じこもってしまいます。

第四に、スーパーヒーローもときどきお休みをします。
「スーパーパワー」から離《はな》れて、リラックスすることが必要です。
あなたをケアしてくれる人のいる場所で、新しい任務までの準備をしてください。

あなたは、特別な親から、特別なパワーを与《あた》えられています。
いくつかのルールを守ることで、あなたはスーパーヒーローになるでしょう！
あなたが孤独《こどく》を感じることがないように、
スーパーヒーローたちの居場所で、私は、あなたを待っています。

ぼくのメッセージ

近藤・A・ロベルト　ファンタジスタ

ぼくが、これまでの暮らしで学んだこと
障がいがあってもなくても、
ちがう国で育っても
人はひとりでは暮らしていけないということ

出会いという宝を探しにいこう！
たくさんの人に出会い、ともに喜び、ときに怒《いか》り、ともに悲しみ、ともに楽しむ、
そんな仲間を手に入れていこう！
ひとりで解決できないことも、仲間に声を発することで、
何か一歩、進むことがある

聞いてくれる人、
何かを提案してくれる人、

ときにはケンカもするけど楽しく過ごせる友人
まわりにはそんな「ひと」がきっといる

まずは一歩、声を発してみよう
ひとりで抱《かか》えこまないで、相談してみよう

Smile

ノグチヒロフミ　さんさんハウスキーパー

わたしは子どものとき、マイケル・ジャクソンのようになろうと思っていました。
歌やダンスを習わなかったけれど、
音楽を自由に楽しむパフォーマンスを観ていると、
自然にハッピーになりました。
学校や友だちのことでモヤモヤしていた気分を、
魔法《まほう》のように一瞬《いっしゅん》で晴れやかにする歌に、
わたしはとても助けてもらいました。
マイケルの大好きだった「Smile（スマイル）」を、あなたと分かち合いましょう。

Smile

Smile, though your heart is aching
Smile, even though it's breaking
When there are clouds in the sky
You'll get by
スマイル　笑っていよう
スマイル　心いたくても
空に雲が立ちこめていても
きっと、どうにかなりますように
If you smile through your fear and sorrow
Smile and maybe tomorrow
You'll see the sun come shining through for you
笑っていると
怖《こわ》くても、悲しくなっても
きっと明日には
太陽が輝《かがや》いてくれるでしょう、あなたのもとに（わたしの意訳）

作詞：ジョン・ターナー（1954年）
作曲：チャールズ・チャップリン（1936年）

小さな点のわたし

長井美智子　幼稚園教員

わたしの誕生、それは広い宇宙の中の星・地球で、母の胎内《たいない》に宿った小さな点から始まった。そこは暗いけれど温かく、栄養が胎内《たいない》に送られ、住み心地のよさと愛情が注ぎこまれた中で始まった。一〇カ月の中で、わたし自身が形造られていく。その後、外に出されたわたしは、自分の力で呼吸し、目・耳・口・手を使い、身体も使って、自分の意思で発信。助けを借りながら、知性も働かせ、ことばも発達し、思いを伝える手段を広げていく。

次に、保育園や幼稚園《ようちえん》という新しい社会に入る。たくさんの友だちと出会い、言語の広がりを通して、相手とつながったり、喜びあったり、ぶつかりあったりしながら、感情も豊かになっていく。わたし自身となるために、大切なときであり、成長していくときである。

そのあとは、喜びをいっぱいもって入学した小学校。低学年の楽しさいっぱいのときから、高学年になると学校生活も変わる。一人ひとりの役割と責任が入りこみ、うまくいかないときがあったり、友だちのことばに左右されたり、傷つき、心の整理ができないことも出てくる。家庭内でも不満を表現できず、親子関係もギクシャクしてしまう。学年が上に進むにつれ、反抗期《はんこうき》を迎え、どうにもならない自分を知り落ちこむ。大人の世界に入る入り口なのかもしれない。

私も、高学年のことは、いまでも覚えている。四年生になった私に母は、「これから上級生なんだから、自分のことは自分でやって!」。洋服選び、アイロンがけ、洗たく。そうじも汚《よご》れていたらやり直し。包丁の使い方、おつかい……。あらゆるものが急に来て、厳しくなった母に対して反抗心《はんこうしん》をもつようになり、母と心の距離《きょり》を感じるようになっていった。

そんな六年のおわりごろ、母がガンになり、自宅で弱っていく姿を私たちに見せながら、中一のはじめに亡くなった。短い闘病生活《とうびょうせいかつ》の中、心のわだかまりを感じながら、コミュニケーションも取れず、やさしいことばもかけられず、身の置き場のない私は反抗《はんこう》し続け、いつの間にか苦しいことから逃《のが》れるため、ひとりのときは、心の中で楽しいこと、楽なことを思い描《えが》き、ちがう世界をつくり、逃《に》げ道をつくっていった。

ひとりでいるほうが心地よく、まわりの友だちとくらべて、できない自分、やれない自分、否定されている自分を感じるようになった。そんな体験を、いまも思い出す。

自分の重荷は軽くならないが、ときと共に感じ方が変わり、受けとめ方が変わっていくときがある。いろいろな形で助けの手はやってくる。友だちのことばで、音楽で、小さなハッとするできごとで、笑いの中で、自然を通して、それは毎日の生活の中からやってくる。特に、人と人をつなぐことばは、たくさん流れている。だまっていることも、いいと思う。その中で心は動いているから。

がんばることではない。ありのままの自分が、いまここにいること。小さな点のわたしが、この宇宙の中に存在し、どんな立場であろうとも、わたしに生きる大切さが与《あた》えられ、そのわたしは、だれかとつながり、わたしの使命を果たしていく。地球の中でかがやきながら。

親をケアする子どもたちへのメッセージ

アンディ・マッゴーワン　チャリティ・ケアラーズ・トラスト*

あなたは、ひとりぼっちではありません……。
これは、イギリスから、
そして、チャリティ・ケアラーズ・トラストからの、あなたへのメッセージです。

イギリスには、あなたと同じような立場の子どもたちが、
百万人もいると私たちは、考えています。
長期的な病気や障害、依存症《いぞんしょう》をかかえる家族の一員を介護《かいご》している子どもたちのことを
私たちは、「ヤングケアラー」と呼んでいます。
そして、こうしたヤングケアラーたちは、
家庭でのことと学校での生活や友人との時間を両立させることは、
ときに難しいことだと私たちに話をするのです。

日本でヤングケアラーのための支援《しえん》がさらに発展するのはいいことです。

私たちの国イギリスでは、
ヤングケアラーが介護《かいご》することに責任を見出すことが難しいと感じている場合に、助けになることがいくつかあります。

1．相談できる大人を見つけましょう。
家族の中にいる大人でも、先生でも、信頼《しんらい》できる大人と話をしましょう。

2．ケアしている人のことで、何か心配なことがある場合、あるいは、そのことで自分がどう感じているか心配なことがある場合は、自分ひとりでその心配に対処しなければならないと考えずに、だれかに相談しましょう。

3．自分のための時間をつくり、何か楽しいことをしましょう。
スポーツをしたり、絵を描《か》いたり、音楽を聞いたり、友だちに会ったりするのもいいでしょう。

ヤングケアラーを取り巻く地域社会へのメッセージ

また、私は、ヤングケアラーを取り巻く地域社会へもメッセージを送りたいと思います。

それは、私たちがここイギリスにて、
日ごろから推進しているメッセージ、
常に「ヤングケアラーについて考えよう」というものです。
医師であれ教師であれ、あるいは、政府機関で働いている人であれ、
あるいは、プライベートな生活の中であれ、
もし、あなたが長期的な健康問題、病気、障害をもつ人を見かけたら、立ち止まって、
その人を家庭の中で助けている子どもたちがいないかどうか、
ちょっと考えてみましょう。

＊チャリティ・ケアラーズ・トラストとは……病気や障害などの家族や友人を無償《むしょう》で介護《かいご》する人たち（いわゆるケアラー）の生活を変えるために活動している、イギリスのボランティア団体。ケアラーが充実《じゅうじつ》した生活を送れるように支援《しえん》やアドバイス、資源を利用できるようにすることが目的。

おわりに

近ごろ、「ヤングケアラー」という言葉が行政によって使われるようになり、いろんな自治体での支援がはじまりました。

しかし、「ヤングケアラー」と呼ばれる状況《じょうきょう》に置かれた子どもが自身のことを「ヤングケアラー」だと自覚していないこともあります。

あるいは、「ヤングケアラー」という言葉で定義することで、逆にとりこぼされてしまう子どももいます。

また「ヤングケアラー」という言葉に自身の経験が閉じ込められてしまう、まとめられてしまうことに違和感《いわかん》をもつ当事者もいます。


私たちはその言葉で語られる以外の子どもにも届くような本にしたいと、この本をつくりました。

これから「ヤングケアラー」という言葉がひとり歩きしていって、当事者の体験や思いから離《はな》れてしまったり、幅《はば》がせまくなっていったり、そんなことがあっても、私たちはみえない傘《かさ》をいつでもさしのべたいと思うのです。

家族に病や障害があることは「奇妙《きみょう》なこと」ではありません。
そう信じてもらうには、まわりのだれかとつながっていくことが大事です。
あなたは、ひとりではありません。電話してください。メールもください。
遊びに、休みに、来てください。
私たちは、いつでもお待ちしています（でも前もって教えてください……）。

東京ソテリア　さんさんハウス
東京都新宿区四谷1-10-5
03（6709）9733
kodomo@soteria.jp

こどもソテリア小石川
東京都文京区小石川3-8-16
03（3868）0373
kodomo@soteria.jp

みえない優《やさ》しい傘《かさ》——85人《にん》と犬《いぬ》1頭《とう》からのメッセージ

二〇二四年二月二十九日　第一版第一刷発行

編著者　特定非営利活動法人東京ソテリア
発行者　菊地泰博
ブックデザイン　木下　悠
印刷所　平河工業社（本文）　東光印刷所（カバー）
製本所　積信堂
発行所　株式会社現代書館
〒一〇二-〇〇七二　東京都千代田区飯田橋三-二-五
電話　〇三（三二二一）一三二一
FAX　〇三（三二六二）五九〇六
振替　〇〇一二〇-三-八三七二五
http://www.gendaishokan.co.jp/

ISBN978-4-7684-3602-8
定価はカバーに表示してあります。
乱丁・落丁本はおとりかえいたします。

日本音楽著作権協会（出）許諾第2401924-401号

＊本書の出版は「公益財団法人ヤマト福祉財団・障がい者福祉助成事業」の助成によるものです